banque-finance.com

Collection .com-activités

Marianne Gautier

(Alliance Française de Paris)

CLE
INTERNATIONAL
www.cle-inter.com

Avant-propos

Banque-Finance.com s'adresse à tous ceux qui désirent améliorer leur pratique du français dans le domaine de la banque et de la finance.
– étudiants et travailleurs étrangers qui habitent ou qui ont le projet d'habiter en France, ayant besoin d'avoir un compte en banque en France ;
– professionnels de la banque et de la finance étrangers, venus se former ou travailler en France ;
– futurs banquiers ou financiers étudiant, dans leur pays d'origine, le français de la banque et de la finance pour travailler dans la banque en français ou en relation avec des banques françaises.

▶ Accessible à un niveau élémentaire (fin du A2, début du B1 du Cadre Européen Commun de Référence pour les Langues), ce livre d'activités et d'exercices comporte 7 parties, allant de l'ouverture d'un compte à sa fermeture.
Sont abordées dans ce livre, la plupart des situations et des relations entre le banquier et le client ainsi que les différents produits de la banque.

▶ À l'intérieur de chaque chapitre :
– des documents ou situations suivis d'exercices de vérification, de compréhension, de lexique ;
– des aspects culturels et institutionnels et des questions de comparaison interculturelle.

▶ Un lexique et un corrigé complètent le livre.

Un grand merci à Anna, André, Paule, Alain, Frédéric et Stefan.

Direction éditoriale : Michèle Grandmangin
Édition et maquette : Jean-Pierre Delarue
Illustrations : Eugène Collilieux
Mise en page et couverture : CGI
Recherche iconographique : Christine Varin

Crédits photo couverture :
© William Taufic/Corbis

Sommaire

1. Ouvrir un compte

1 Ouverture de compte

I. Prendre un rendez-vous dans une banque

Dialogue

L'employée : – Bonjour, que puis-je faire pour vous ?

Le client : – Bonjour Madame, je souhaite ouvrir un compte.

L'employée : – Bien, alors vous devez prendre rendez-vous avec un conseiller clientèle.

Le client : – Et dois-je apporter des papiers ?

L'employée : – Oui, il faut apporter un justificatif de domicile, une facture d'électricité ou de téléphone par exemple.

Le client : – Oui, et c'est tout ?

L'employée : – Non, il faut une pièce d'identité, carte d'identité ou passeport si vous êtes étranger.

Le client : – Bien. Et combien ça coûte ?

L'employée : – À la BG, c'est gratuit et il n'y a pas de somme minimum à verser.

Le client : – C'est parfait ! Est-ce que je peux prendre un rendez-vous maintenant ?

L'employée : – Bien sûr ! Pouvez-vous revenir demain à 15 h 30 ?

Le client : – Oui, c'est possible.

L'employée : – Très bien. Alors vous avez rendez-vous avec monsieur Didier Desmarais.

Le client : – D'accord, merci et au revoir.

L'employée : – Je vous en prie, au revoir.

1 Dites si ces affirmations sont vraies ou fausses.

	Vrai	Faux
a) L'homme est déjà client de la BG.	❏	❏
b) Pour devenir client, il faut voir un employé de la banque.	❏	❏
c) Il faut faire la preuve de son adresse.	❏	❏
d) Il n'est pas nécessaire d'avoir une pièce d'identité.	❏	❏
e) Il faut déposer de l'argent sur le compte pour l'ouvrir.	❏	❏
f) L'ouverture du compte est payante.	❏	❏
g) Il n'est pas nécessaire d'apporter un bulletin de salaire.	❏	❏
h) Le client n'a pas de rendez-vous le jour même.	❏	❏

2 Trouvez le verbe ou le nom correspondant :

verbe	nom	verbe	nom
a) renseigner		**d)** informer	
b)	un versement	**e)** prouver	
c) ouvrir		**f)** justifier	

Demander une information :

Je souhaite savoir quels sont les documents nécessaires pour ouvrir un compte ?
Je voudrais   des renseignements.
J'aimerais avoir des renseignements/des informations sur l'ouverture d'un
                    compte ?

1. souhaiter ; 2. Vouloir ; 3. Aimer

Indiquer une obligation :

Il faut | un justificatif de domicile.
        | apporter | un justificatif de domicile.

Devoir | verbe à l'infinitif

Je dois | verser | une somme minimum ?
Vous devez | prendre | un rendez-vous avec un conseiller.
            | présenter | un justificatif de domicile.

3 Complétez le dialogue suivant.

– Bonjour, je voudrais **a)** .... quelques renseignements, s'il **b)** .... plaît.
– Oui, à quel **c)** .... ?
– Quels papiers **d)** ....-on apporter pour **e)** .... un compte ?
– Il faut un **f)** .... de domicile, une pièce d'**g)** ....
– Est-ce que je **h)** .... apporter autre chose ?
– Non, c'est tout ! Il faut seulement **i)** .... un rendez-vous avec
un **j)** .... clientèle.

4 **Vous faites dialoguer une hôtesse et un client potentiel à l'aide des formules.**

....

....

....

II. Ouvrir un compte à vue (particulier)

– Bonjour monsieur, je suis Didier Desmarais. Asseyez-vous.

– Bonjour monsieur, je m'appelle Frank Bayer et je viens pour ouvrir un compte.

– Bien, alors, tout d'abord est-ce que vous avez les documents nécessaires ?

– Oui, j'ai tout apporté.

– Parfait, je les photocopie et ensuite je vous explique tout.

Le banquier revient :

– Alors, nous allons ouvrir un compte courant pour les opérations de tous les jours, vous pouvez déposer ou retirer des espèces, faire virer votre salaire, verser des chèques ou émettre des chèques, recevoir ou émettre des virements, ou encore effectuer des retraits ou payer par carte. Vous recevrez un relevé de compte (la liste des opérations effectuées sur le compte pour une période détermi- née) tous les mois (gratuit) ou tous les 15 jours (service payant).

5 Dites si ces affirmations sont vraies ou fausses.

	Vrai	Faux
a) Frank Bayer vient ouvrir un compte dans une agence de la BG.	❏	❏
b) Monsieur Desmarais veut copier les documents de Monsieur Bayer.	❏	❏
c) Monsieur Bayer veut ouvrir un compte pour effectuer des opérations spéciales.	❏	❏
d) Sur le compte-chèques, Monsieur Bayer peut déposer un chèque.	❏	❏
e) Monsieur Bayer recevra gratuitement un relevé de compte 2 fois par semaine.	❏	❏

6 Dites si ces opérations sont créditrices (+) ou débitrices (–) pour le client (reportez les numéros dans le tableau) :

1. Verser de l'argent – 2. payer par carte – 3. effectuer un virement en faveur de quelqu'un d'autre – 4. émettre un chèque – 5. recevoir un virement – 6. déposer un chèque – 7. retirer des espèces – 8. recevoir un billet de 500 euros.

+ crédit/encaissement	– débit/paiement

7 Trouvez le ou les verbes à utiliser :

a) .... un chèque sur un compte

b) .... de l'argent d'un compte

c) .... des espèces

d) .... un virement

e) .... un chèque

COMPTE À VUE

Également appelé « compte de dépôt » ou « compte-chèques », c'est le compte qui permet au client d'effectuer des opérations au débit ou au crédit avec des tiers (d'autres personnes). C'est à ce compte que sont rattachés les moyens de paiement.
Un compte à vue peut être ouvert au nom d'une (ou plusieurs) personnes.

Depuis une décision, en date du 4 octobre 2004, de la Cour de justice de la Communauté européenne, la loi interdisant aux banques françaises de rémunérer les comptes courants a été jugée contraire au droit communautaire.

COMPTE JOINT

▶ C'est un compte ouvert au nom de deux titulaires qui n'ont pas obligatoirement de lien de parenté. Sur les comptes M. **ou** M., le compte peut fonctionner avec la signature d'un seul titulaire, toutefois, pour les comptes M. **et** M. il faut obligatoirement la signature des deux pour effectuer toute opération bancaire.

▶ Dans les deux cas, les titulaires sont solidairement responsables.

▶ En cas de décès (mort) d'un des co-titulaires, le compte n'est pas bloqué et le survivant peut faire fonctionner seul le compte.

INFORMATION

▶ Dans certaines banques il faut payer l'ouverture d'un compte.
  Cette opération peut se faire de trois manières différentes :
  – au début
  – chaque mois sous forme d'abonnement
  – au début et chaque mois

▶ Dans certaines banques, le client doit verser une somme minimum pour ouvrir un compte et doit toujours garder cette somme minimum sur son compte.

8 **Complétez ce texte avec les mots manquants :** *certaines – deux – chaque – autres – plusieurs – compte – début – abonnement – rémunèrent – somme – à vue – ouvrir – ouverture – joint.*

Il est possible d'ouvrir un compte **a)** .... seul, si l'on veut **b)** ....
un compte, à deux ou **c)** .... personnes, ce compte s'appelle un compte
d) ....
À la BG, l'**e)** .... du compte est gratuite mais dans **f)** ....
banques, il faut payer pour avoir un **g)** ....
D'**h)** .... banques, au contraire, font payer cette ouverture
au **i)** ...., sous forme d'**j)** .... ou encore les **k)** ....
Certaines banques **l)** .... votre compte en versant **m)** .... mois
une certaine **n)** .... d'argent sur celui-ci.

9 **À votre avis : dans votre pays, comment se passe l'ouverture d'un compte à vue. Est-ce payant ? Quels documents faut-il fournir ?**

2 Le Relevé d'Identité Bancaire

BANQUE GÉNÉRALE
RELEVÉ D'IDENTITÉ BANCAIRE

TITULAIRE DU COMPTE
M. FRANK BAYER

DOMICILIATION AGENCE BANQUE GÉNÉRALE
PARIS CONVENTION   (03540)
TÉL. : **01 41 00 50 50**

RÉFÉRENCES BANCAIRES

Banque	Agence	Numéro de compte	Clé
20069	**04562**	**00045682147**	**25**

IDENTIFICATION INTERNATIONALE
IBAN : **FR10 20069 04562 00045682147 25**
BIC-ADRESSE SWIFT : **BAGEFRPP**

À remettre à tout organisme demandant vos références bancaires

Monsieur Bayer a besoin d'un Relevé d'Identité Bancaire (RIB) pour son employeur..

Dialogue 1 :
Madame Ruby et Monsieur Desmarais parlent devant la machine à café.
Monsieur Desmarais : – Je vais te présenter un nouveau client.
Mme Ruby : – Parfait !
M. D : – Il s'appelle Frank Bayer et vient d'arriver en France. Tu verras, il est très sympathique mais il ne connaît pas le système bancaire français.
Mme R : – Ce n'est pas un problème, tu sais que j'explique bien les choses.
M. D : – C'est d'ailleurs pour ça que je veux que tu t'occupes de lui.

Dialogue 2 :
Monsieur Bayer va voir Monsieur Desmarais de la BG, il y a dans son bureau une collègue, Madame Ruby, qui va reprendre ses clients.
M. Bayer : – Bonjour Monsieur, j'ai un renseignement à vous demander.
M. Desmarais : – Bonjour Monsieur Bayer, laissez-moi vous présenter Madame Ruby qui va devenir votre nouvelle conseillère, car je vais prendre ma retraite.

M. Bayer : – Bonjour Madame, voilà, mon futur employeur a besoin d'un RIB mais je ne sais pas ce que c'est, ni où je peux avoir ce RIB.

Mme Ruby : – Bonjour Monsieur Bayer. C'est un papier avec votre nom, votre adresse, le nom de votre banque et votre identité nationale bancaire avec le code banque, le code guichet et votre numéro de compte. Après, il y a le IBAN, c'est l'identifiant international de votre compte. Votre employeur a besoin du RIB pour virer votre salaire sur votre compte. Vous devez en avoir un sur une feuille que M. Desmarais vous a donné quand vous avez ouvert votre compte ou à la fin de votre carnet de chèque, ou encore, sur vos relevés de compte.

10 **Quelle est la relation entre Monsieur Desmarais et Madame Ruby ?**

....

11 **Quelle est la relation entre Monsieur Desmarais, Madame Ruby et Monsieur Bayer ?**

....

12 **Dites si ces affirmations sont vraies ou fausses.**

	Vrai	Faux
a) Madame Ruby connaît bien monsieur Desmarais.	❏	❏
b) Madame Ruby est une amie de monsieur Desmarais.	❏	❏
c) Monsieur Desmarais part en vacances.	❏	❏
d) Madame Ruby va remplacer Monsieur Desmarais.	❏	❏
e) Monsieur Bayer a besoin d'un RIB pour payer une facture.	❏	❏
f) Le RIB est un document d'identification bancaire.	❏	❏
g) Vous pouvez trouver un RIB sur votre Carte Bleue.	❏	❏
h) Vous avez un RIB à la fin de votre chéquier.	❏	❏
i) Un RIB donne des informations sur votre banque et votre compte.	❏	❏

INFO

TU et **VOUS**, **tutoyer** ou **vouvoyer**, utiliser le **tutoiement** ou le **vouvoiement** : quoi dire à qui ? **Vous** pour : toutes les personnes qu'on ne connaît pas, les personnes âgées, les supérieurs hiérarchiques, les relations de travail sauf si proposition de se tutoyer. **Tu** pour : la famille et les amis.

ON SE SERT LA MAIN OU ON S'EMBRASSE ?

En France, on s'embrasse (se fait la bise) avec sa famille, ses amis, les hommes et les femmes, les femmes entre elles et les hommes s'ils sont de la même famille ou s'ils sont très bons amis. On sert la main des personnes que l'on ne connaît pas, quand on vous présente quelqu'un et en général au travail aussi.

13 **Dites si, dans ces situations, on dit « tu » ou « vous » et si on se sert la main ou si on s'embrasse. Plusieurs possibilités :**

	TU	VOUS	👄	🤝
a) Une femme à sa meilleure amie				
b) Un collègue à un autre collègue				
c) Un entretien professionnel				
d) Un banquier et son client				
e) Un père et son fils				
f) Un cousin et sa cousine				
g) Un homme et sa meilleure amie				
h) Des amis dans une soirée à l'amie d'un ami				
i) Déjeuner d'affaires entre clients et fournisseurs				
j) Un directeur et sa secrétaire				
k) Une collègue à une autre collègue				
l) Un directeur d'agence et son responsable au siège				

14 **Dans votre pays, y a-t-il un TU et un VOUS comme en France ?**
Si oui : Les règles d'utilisation sont-elles les mêmes ?
Si non : Y a-t-il une marque de politesse ?

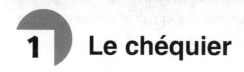

1 Le chéquier

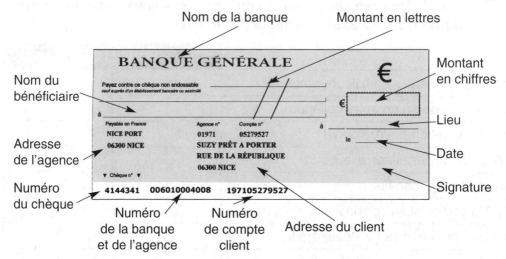

Nom de la banque   Montant en lettres

Nom du bénéficiaire

Adresse de l'agence

Numéro du chèque

Numéro de la banque et de l'agence

Numéro de compte client

Adresse du client

Montant en chiffres

Lieu

Date

Signature

Le banquier : – Vous aurez un chéquier dans 15 jours, il arrivera au guichet et il faudra venir le chercher avec votre pièce d'identité.

Le client : – Et… ?

Le banquier : – Vous la montrerez au guichetier. Il vous le donnera en échange d'une signature.

Le client : – Qu'est-ce que je peux faire avec un chéquier ?

Le banquier : – Vous pourrez faire un chèque pour régler tous vos achats, le loyer, l'électricité, le téléphone, l'eau… tout ce que vous voudrez.

Le client : – Y a-t-il un minimum pour faire un chèque ?

Le banquier : – Cela dépend des magasins.

Le client : – Bien, et que dois-je faire quand je n'ai plus de chèques ?

Le banquier : – Aucun problème ! Grâce au renouvellement automatique, vous n'aurez rien à faire, un nouveau chéquier arrivera au guichet avant la fin de l'ancien.

Le client : – Si je ne peux pas me déplacer ?

Le banquier : – Nous pourrons l'envoyer dans une autre agence à côté de votre lieu de travail ou en recommandé avec accusé de réception chez vous, mais l'envoi sera payant.

Le client : – Parfait ! Est-ce qu'il y a différents formats de chéquier ?

Le banquier : – Oui, il existe 5 modèles : modèle portefeuille de 30 vignettes de chèques ; modèle classique de 30 ou 60 vignettes de chèques ou modèle correspondance de 30 ou 60 vignettes de chèque.

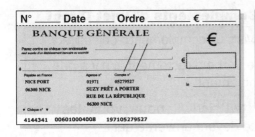

15 Retrouvez quel chéquier est portefeuille, correspondance et classique.
À votre avis, pourquoi utilise-t-on différents modèles ?
À quoi peuvent-ils servir ? ....
....

16 Dites si ces affirmations sont vraies ou fausses.

	Vrai	Faux
1. Il est difficile d'obtenir un chéquier.	❐	❐
2. Il faut attendre entre chaque chéquier.	❐	❐
3. On peut payer ses courses avec un chèque.	❐	❐
4. On ne peut pas faire un chèque de moins de 10 euros.	❐	❐
5. On peut choisir la forme du chéquier que l'on veut.	❐	❐
6. Il faut demander un nouveau chéquier quand le premier est fini.	❐	❐
7. Il faut obligatoirement aller à la banque pour récupérer un chéquier.	❐	❐
8. On peut demander à recevoir un chéquier dans une autre agence.	❐	❐
9. On peut vous envoyer un chéquier par la Poste.	❐	❐

17 Trouvez dans le dialogue à quoi correspondent *le/la/le/l'*.

a) Il faudra venir **le** chercher/le = ...
b) Vous **la** montrerez au guichetier/la = ...
c) Il vous **le** donnera/le = ...
d) Nous pourrons l'envoyer/l' = ...

Il faudra venir chercher **quelque chose**	Vous montrerez au guichetier **quelque chose**
Il vous donnera **quelque chose**	Nous pouvons envoyer **quelque chose**

Règle des Pronoms Personnels Compléments d'Objet Direct

- ▶ Les verbes de ces phrases sont tous suivis d'un complément d'objet direct.

- ▶ Le complément (quelque chose) suit le verbe directement, il n'y a pas de préposition entre le verbe et le complément.

- ▶ Les pronoms personnels COD : **me/m'** ; **te/t'** ; **le/la/l'** ; **nous** ; **vous** ; **les**
  L' (nom masculin ou féminin mais placé devant un verbe qui commence par une voyelle), **le** (nom masculin), **la** (nom féminin) sont des pronoms personnels compléments d'objet direct qui remplacent un complément qui a déjà été utilisé dans la phrase précédente.
  Exemple : Dans quinze jours vous recevrez votre chéquier, vous pourrez **l'**utiliser aussitôt.
  Dans quinze jours vous recevrez votre chéquier, vous pourrez utiliser **le chéquier** aussitôt.

18 **Cochez la case correspondant à la réponse correcte.**

a) Je peux l'utiliser pour payer le loyer. ❑ Le chéquier ❑ la carte bleue
b) Vous devez **le** ranger dans un lieu sûr. ❑ Le RIB ❑ le chéquier
c) Vous pourrez **les** payer par chèque. ❑ Les salaires ❑ les factures
d) Vous devez **la** présenter pour avoir
   votre chéquier. ❑ La facture ❑ votre pièce d'identité

19 **Donner l'infinitif de ces verbes et faites une croix dans la case correspondante, si la conjugaison est régulière ou irrégulière.**

	infinitif	régulier	irrégulier
a) Il *faudra* venir le chercher.			
b) L'envoi *sera* payant.			
c) Un nouveau chéquier *arrivera* au guichet.			
d) Il vous *donnera* votre nouveau chéquier en échange d'une signature.			
e) Nous *pourrons* l'envoyer dans une autre agence.			
f) Vous *aurez* un chéquier.			
g) Vous n'*aurez* rien à faire.			
h) Vous *pourrez* faire un chèque.			
i) Tout ce que vous *voudrez*.			
j) Vous la *montrerez* au guichetier.			

Règle du futur simple

Pour tous les verbes réguliers : infinitif + **ai ; as ; a ; ons ; ez ; ont**

▶ Pour les infinitifs en **re**, on enlève le **e** pour ajouter les terminaisons du futur.

▶ Les irréguliers : *aller* : j'irai – *faire* : je ferai – *avoir* : j'aurai – *être* : je serai – *pouvoir* : je pourrai – *falloir* : il faudra – *voir* : je verrai – *devoir* : je devrai – *savoir* : je saurai – *courir* : je courrai – *tenir* : je tiendrai – *venir* : je viendrai.

▶ Quelques cas particuliers : *Appeler* : j'appellerai ; *Acheter* : j'achèterai ; *Employer* : j'emploierai.

20 **Complétez la phrase par le verbe conjugué au futur simple.**

a) Vous .... votre pièce d'identité ainsi que les autres papiers.
Apporter

b) Vous n' .... pas besoin de verser d'argent pour ouvrir un compte.
Avoir

c) Je vous .... dès que votre chéquier .... là.
Appeler   *être*

d) Nous .... un rendez-vous la semaine prochaine.
Prendre

e) J' .... une réponse dans combien de temps ?
Obtenir

f) Vous .... avec votre partenaire pour ouvrir un compte joint.
Venir

g) Vous .... les documents de l'ouverture de compte tous les deux.
Signer

h) Vous .... choisir la forme de votre chéquier.
Pouvoir

i) Nous .... peut-être quand vous ....
Se revoir   *venir*
chercher votre chéquier.

Avant d'obtenir un premier chéquier, votre agence bancaire doit se renseigner auprès de la Banque de France pour vérifier que vous n'avez pas eu de problèmes avec d'autres banques.

▶ Certaines banques font payer les chéquiers ou les chèques utilisés.

▶ Dans certaines banques il faut faire une demande de renouvellement pour obtenir un nouveau chéquier.

21 Dites si ces affirmations sont vraies ou fausses.

	Vrai	Faux

1. Je suis interdit bancaire car j'ai fait trop de chèques sans avoir l'argent sur mon compte, aujourd'hui, je peux avoir un chéquier dans une nouvelle banque. ☐ ☐
2. Obtenir un chéquier est toujours gratuit. ☐ ☐
3. Je suis obligé(e) de payer une commission à chaque fois que j'écris un chèque. ☐ ☐
4. J'obtiens mon premier chéquier en moins de 2 jours. ☐ ☐

▶ Il existe plusieurs types de chèques :
En France, en majorité, on utilise un chèque prébarré. Ce chèque doit être déposé sur un compte à la banque pour disposer de la somme inscrite dessus.
Existe aussi le chèque non barré, mais de plus en plus rare. Il permet d'obtenir de l'argent liquide contre la présentation du chèque.

▶ Il existe deux cas où il est possible d'encaisser un chèque barré en espèces :
Le titulaire du compte peut établir un chèque à son ordre pour effectuer un retrait dans son agence (gratuit) ou dans une autre agence (payant).
Un chèque émis en règlement d'un salaire peut être payé au bénéficiaire du chèque sous certaines conditions : le chèque doit être exactement du même montant que celui du bulletin de salaire ; l'employeur doit donner son accord à la banque ; le bénéficiaire du chèque doit présenter sa pièce d'identité et son bulletin de paie avec le chèque.

22 Dans votre pays, utilise-t-on les chèques comme en France ?
Est-il facile d'obtenir un chéquier ?
Peut-on obtenir de l'argent contre présentation d'un chèque ?

2 Remplir un chèque

BANQUE GÉNÉRALE   €

Payez contre ce chèque non endossable   *Six cent quatre-vingts euros*
sauf auprès d'un établissement bancaire ou assimilé

                                                              €   680

à *Madame Blanchard*

Payable en France   Agence n°   Compte n°   à *Rouen*
5 RUE DE CHERBOURG   01971   05279527
76000 ROUEN   M. ALAIN LENOIR   le *15 novembre 2004*
                           20 PLACE DU MARCHÉ
                           76000 ROUEN   *Lenoir*

▼ Chèque n° ▼

    4144341   006010004008   197105279527

---

* Dans la pratique en France, le pluriel est marqué par un **s**, hors, peu de pays européens mettent de **s** à **Euro**. En France, on dit encore centimes au lieu de **cents**, car prononcé à la française, **cents** équivaut à 100.

---

23 **Reliez les parties entre elles dans la ligne en dessous :**

a) Fait à	**1.** Compagnie des eaux
b) À l'ordre de	**2.** Marseille
c) La date	**3.** 59,46 euros
d) D'un montant de	**4.** 25 mars 2005

a)	b)	c)	d)

NE PAS OUBLIER :

▶ Garder le chéquier en lieu sûr (pas dans un endroit accessible à tous).

▶ Éviter de signer un chèque en blanc (signer sans écrire un montant ni l'ordre).

▶ Ne pas faire de ratures ou de rajouts ; en cas d'erreur, déchirer le chèque et en écrire un nouveau.

▶ Ne pas laisser de blanc devant les montants (chiffres et lettres) et tirer un trait juste derrière.

▶ Utiliser de préférence un stylo à bille noir.

▶ Personne ne peut signer un chèque à votre place, sauf si la personne a une procuration sur votre compte (vous avez rempli un document, avec le banquier, donnant pouvoir à cette personne d'accomplir certaines opérations sur votre compte).

24 **Dites si les affirmations sont correctes ou non.**

	Vrai	Faux
1. Je sors de la voiture, je laisse mon chéquier sur le siège.	❏	❏
2. Je ne peux pas aller faire mes courses moi-même, alors je donne un chèque signé à mon voisin.	❏	❏
3. Je laisse un grand espace avant de marquer le nombre en chiffres et en lettres.	❏	❏
4. Je remplis mon chèque au crayon à papier.	❏	❏
5. Je n'écris jamais en lettres le montant du chèque.	❏	❏
6. Je ne marque pas le nom du bénéficiaire.	❏	❏
7. Mon ami(e) peut utiliser mon chéquier et signer à ma place.	❏	❏

Les nombres en lettres :

0	1	2	3	4	5	6	7	8	9	10
zéro	un	deux	trois	quatre	cinq	six	sept	huit	neuf	dix

11	12	13	14	15	16	17	18	19	20
onze	douze	treize	quatorze	quinze	seize	dix-sept	dix-huit	dix-neuf	vingt

30	40	50	60	70	80	90	100	200
trente	quarante	cinquante	soixante	soixante-dix	quatre-vingts	quatre-vingt-dix	cent	deux cents

120	501	1 000	2 000	100 000	1 000 000	10 000 000
cent vingt	cinq cent un	mille	deux mille	cent mille	un million	dix millions

21 ; 31 ; 41 ; 51 ; 61 ; 71 : vingt **et** un ; soixante **et** onze
Mais : 81 quatre-vingt un (plus de **s** et pas de **et**) ; 91 quatre-vingt-onze.
200 deux cents prend un s mais pas quand il est suivi d'un autre chiffre.
1 000 mille est **invariable**, il ne prend jamais de s.
Pour les milliers : 10 258 euros dix mille deux cent cinquante-huit euros
Pour les décimales : 105,25 euros cent cinq euros et vingt-cinq cents

INFO

▶ Au moment où l'on écrit un chèque, le compte doit avoir la provision nécessaire.

▶ On peut faire un chèque même pour 1 €, toutefois, certains commerçants décident d'un montant minimum.

▶ La plupart des commerçants vous demandent une pièce d'identité quand vous réglez par chèque.

▶ Au-delà d'une certaine somme décidée par le commerçant, celui-ci peut vous demander de présenter deux pièces d'identité avec photo.

25 Écrivez en lettres le nombre indiqué.

180 €	
500 €	
1 250 €	
693 €	
15 762 €	
76,49 €	
46,75 €	
2 569,25 €	

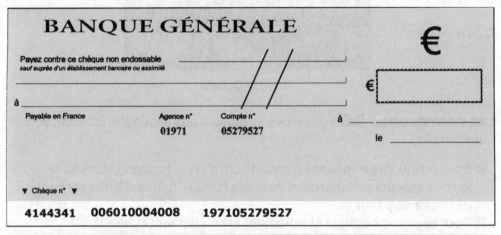

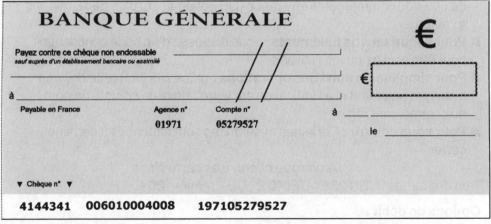

26 Remplissez les chèques avec les informations données.

1. Vous habitez à Vannes, vous payez votre facture d'électricité d'un montant de 134 euros à la société National électrique le 23 février 2005.

2. Vous avez fait vos courses de Noël pour un montant de 624,73 euros dans le magasin les Bonnes Galeries, le 15 décembre 2004.

3 Les cartes

I. Les cartes de retrait, de paiement et de crédit.

Nom de la banque

Puce

Type de la carte

Numéro de la carte

Date d'expiration

Nom du titulaire

LES CARTES DE LA BG : des moyens souples et pratiques de faire fonctionner votre compte !!!

■ **Pour retirer des espèces :** n'importe où, n'importe quand, dans tous les distributeurs automatiques de billets (DAB) – montant limité par jour/ par semaine/par mois.

■ **Pour régler vos achats simplement et rapidement :** chez plus de 600 000 commerçants en France (CB nationale) et plus de 16 millions à l'étranger.

■ **Pour sécuriser vos paiements :** vous disposez d'un code confidentiel pour être seul à pouvoir l'utiliser.

■ **Pour simplifier le suivi des opérations :** grâce à la facturette délivrée à chaque paiement et à l'indication sur votre relevé de compte du nom du commerçant réglé.

■ **Pour vous couvrir :** Certaines assurances sont attachées à certaines cartes.

À chaque client, une carte !!!

Tarif des cartes : CBN 25 € ; CBI 40 € ; CB Premier 120 €.

Options de débit :

■ **Débit immédiat :** le montant de vos achats est débité dès l'enregistrement de l'opération par le centre de traitement.

■ **Débit différé :** le montant de vos achats effectués avant la fin du mois n'est débité que le mois suivant, à date choisie par vous et votre banquier.

■ **Les retraits aux DAB sont débités immédiatement.**

27 Complétez les phrases avec les mots suivants : *Régler – la carte –*
le terminal – tape – payer – vérifie – le montant – code – valide – reçu.

Quand je suis chez un commerçant, je peux **a)** .... par carte en insérant
b) .... dans **c)** .... (la machine) du commerçant.
Il **d)** .... le prix à **e)** ...., je **f)** .... que
g) .... est exact, je tape mon **h)** .... à 4 chiffres et je **i)**
.... Le commerçant me donne mon **j)** .... et c'est fini !

28 Complétez les phrases avec le mot manquant : *bande magnétique –*
signature – puce – date d'expiration – numéro de carte – nom du titulaire.

a) Pour réserver votre billet d'avion par téléphone, j'ai besoin de votre ....
suivi par les quatre chiffres de la .... Je vous les répèterai
après pour vérification.

b) Je suis désolé Monsieur mais votre carte ne passe pas, la machine n'arrive
pas à lire la ...., votre carte doit être démagnétisée.

c) Je ne sais pas ce vous avez fait avec votre carte mais la .... est
complètement rayée, il faut demander une nouvelle carte à votre banque.

d) Pouvez-vous me confirmer que le nom de la personne est le même que le
.... de la carte.

e) Votre carte ne passe pas, nous allons faire cela à l'ancienne, je vous deman-
derai juste une petite ...., merci.

29 Dites si ces affirmations sont vraies ou fausses.

	Vrai	Faux
1. Ce document est une publicité.	❏	❏
2. Toutes les cartes sont payantes.	❏	❏
3. Toutes les cartes ont des assurances.	❏	❏
4. Je peux décider si mes achats seront débités immédiatement ou à une période déterminée.	❏	❏

30 Complétez ces infos avec le mot manquant : *distributeurs – banque –*
achats – retrait – renouvellement – agence – recommandé – cartes –
retirer – DAB – crédit.

Il y a des **a)** .... de retrait qui ne servent que pour **b)** .... de l'argent
dans les **c)** ....
Chaque carte a ses spécificités et ses limites de retrait. Parfois sont associées
des assurances (Vérifiez toutefois quelles sont ces assurances).
Le **d)** .... de la carte est automatique. La nouvelle peut vous
attendre dans votre **e)** .... ou vous être envoyée en **f)** ....
à votre domicile, avant expiration de la précédente.

Les retraits dans les **g)** .... d'une autre **h)** .... sont parfois payants.

À l'étranger, il y a une commission pour tous les **i)** .... faits et une somme forfaitaire est prise par votre banque pour un **j)** .... d'argent.

En France, ces cartes sont des cartes de retrait et de paiement, il existe des cartes associées à un **k)** .... qui n'émane pas forcément des banques.

> Il existe d'autres cartes : American Express, Master Card, Euro chèques...
> Mais la plus utilisée en France reste la Carte Bleue.

> 21 millions de transactions sont réalisées par carte bancaire chaque jour en France, pour un montant de 265,9 milliards d'euros.

INFO

▶ Les cartes de retrait ne sont utilisées que pour retirer de l'argent dans un DAB de sa propre banque ou dans un DAB d'une autre banque en national ou en international. Ces cartes sont en général gratuites, toutefois les retraits dans d'autres banques peuvent être payants.

▶ Les cartes de paiement sont soit nationales (utilisables uniquement en France) soit internationales (utilisables en France comme à l'étranger).

▶ Certaines cartes de paiement sont aussi des cartes de crédit. Depuis le 12 juin 2002 ces cartes portent la mention « carte de crédit ».

31 Faites la comparaison avec les cartes qui existent dans votre pays.

II. La E-carte

PAYEZ SUR INTERNET EN TOUTE CONFIANCE

■ *Une carte virtuelle*

L'e-Carte Bleue est utilisable chez tous les commerçants en ligne, **français et étrangers**, acceptant la Carte Bleue ou les cartes VISA. Elle vous permet de payer sur Internet à l'aide d'un « e-numéro », différent pour chaque achat, sans avoir à communiquer le numéro de votre carte bancaire réelle.

Prenez bien connaissance des conditions de récupération de votre achat avant d'utiliser votre e-Carte Bleue car certains commerçants demandent, au moment du retrait de l'achat, la présentation de la carte qui a servi au règlement de cet achat (ce qui est impossible avec la e-carte).

Les numéros e-Carte Bleue ne permettent pas d'effectuer de retraits d'espèces, ni de régler des achats dans les commerces de proximité.

■ *Un service gratuit*
L'e-Carte Bleue est un **service offert** par la **BG** à ses clients détenteurs d'une carte VISA ou VISA PREMIER.
Il n'y a ni frais d'inscription, ni abonnement, ni commission d'utilisation.

■ *Une configuration minimale requise*
Le service e-Carte Bleue fonctionne sous PC et sur Mac.
Vous devez être connecté à Internet pour utiliser l'e-Carte Bleue.

32 **Dites si ces affirmations sont vraies ou fausses.**

	Vrai	Faux
1. Avec ma e-carte, je peux acheter mes courses dans un magasin.	❏	❏
2. Avec ma e-carte, je peux retirer de l'argent à un distributeur.	❏	❏
3. Avec ma e-carte, je peux faire tous les achats que je veux sur Internet.	❏	❏
4. Je peux avoir une e-carte différente pour chaque achat.	❏	❏
5. Je peux présenter la e-carte aux commerçants.	❏	❏
6. J'ai seulement besoin d'un ordinateur pour utiliser la e-carte.	❏	❏
7. Je dois payer une certaine somme à chaque fois que j'utilise la e-carte.	❏	❏
8. Tous les commerçants virtuels acceptent la e-carte.	❏	❏

1. .... 2. .... 3. .... 4. ....

5. .... 6. .... 7. .... 8. .... 9. ....

33 **Sous chaque dessin, dites si la personne peut utiliser une Carte Bleue nationale (CB), Visa (V), ou Premier (P), une e-carte (E-c), un chèque (ch) ou de l'espèce (e) (plusieurs possibilités).**

34 Cochez la ou les bonne(s) réponse(s).

1. *La carte bleue nationale peut être utilisée :*
   a) pour payer un commerçant. ❑
   b) pour obtenir des espèces. ❑
   c) pour payer le loyer. ❑

2. *La CB nationale s'utilise :*
   a) en France. ❑
   b) en Angleterre. ❑
   c) en Belgique. ❑

3. *La CB internationale permet :*
   a) de payer un billet d'avion.
   b) de régler sa note d'hôtel à Budapest.
   c) de payer une baguette de pain à Paris.

4. *Avec la CB Premier :*
   a) je peux retirer tout l'argent que je veux par jour. ❑
   b) si je paie un voyage avec ma carte, je n'ai pas besoin de prendre d'autres assurances. ❑
   c) je bénéficie de certaines assurances quand je paye mon billet avec ma carte. ❑

5. *Avec certaines CB :*
   a) je peux obtenir des crédits. ❑
   b) je ne peux pas régler les commerçants. ❑
   c) je peux retirer des devises du pays où je suis. ❑

6. *Avec toutes les CB :*
   a) je peux retirer de l'argent partout en France. ❑
   b) je peux choisir de payer mes achats dès qu'ils sont effectués ou le mois suivant. ❑
   c) je peux payer mes achats n'importe où. ❑

7. *Toutes les cartes :*
   a) sont appelées Carte Bleue. ❑
   b) sont payantes. ❑
   c) sont renouvelées automatiquement. ❑

III. La carte MONEO : le porte-monnaie électronique

> La carte Moneo existe en France depuis 2002 mais n'est pas encore très utilisée car elle est payante.

35 Dites si ces affirmations sont vraies ou fausses.

	Vrai	Faux
1. Vous pouvez régler un café avec Moneo.	❏	❏
2. Moneo remplace l'argent liquide.	❏	❏
3. Si je veux régler avec ma carte moneo, je dois taper mon code.	❏	❏
4. Mes courses coûtent 42 €, je règle avec ma carte Moneo.	❏	❏
5. Moneo est une carte que je sors quand j'en ai besoin.	❏	❏
6. Quand je n'ai plus d'argent sur ma carte, je vais à la banque pour la recharger.	❏	❏
7. Je peux avoir jusqu'à 100 € sur ma carte.	❏	❏
8. Moneo est gratuit.	❏	❏

36 Trouvez l'intrus et expliquez pourquoi.

1. régler – facturer – payer
2. une banque – une agence – une filiale
3. du liquide – un chèque – des espèces
4. une carte – un chèque – une facture
5. un banquier – un conseiller clientèle – un client
6. faire l'appoint – faire du change – avoir de la monnaie
7. une somme – un achat – un montant

37 Indiquez sous chaque dessin, quel moyen de paiement peut être utilisé :
Carte Bleue (CB), chèque (ch), Carte Moneo (CM) ou espèces (e).

1. .... 2. .... 3. .... 4. .... 5. .... 6. ....

7. .... 8. .... 9. .... 10. ....

38 Dans votre pays, utilise-t-on ces mêmes moyens de paiement pour ces achats ?

3. Vie du compte

1 Opérations usuelles

I. Déposer de l'argent sur son compte (chèque et espèces)

Le client : — Bonjour, je voudrais déposer deux chèques et de l'argent liquide.
Le banquier : — Vous devez remplir deux bordereaux : la remise de chèques et le versement d'espèces. Vous devez indiquer sur les deux : votre nom, le nom de votre agence même si c'est ici ; ensuite, vous indiquez votre code agence et votre numéro de compte, vous datez et vous signez. Pour la remise de chèques, vous remplissez la partie montant en indiquant le montant du chèque, sous émetteur vous écrivez le nom de la personne qui vous a fait le chèque et sous banque, le nom de sa banque (inscrit sur le chèque). Pour le versement d'espèces vous indiquez le nombre de billets ou de pièces de chaque montant et vous faites le total ensuite.

Le client remplit la remise de chèques et le versement d'espèces et les donne au banquier avec ses deux chèques et les pièces et billets.

Le banquier : — Vous avez oublié d'indiquer le nombre de chèques ainsi que le montant total. Vous devez aussi signer au dos du chèque et mettre votre code agence ainsi que votre numéro de compte, comme ça, si la remise et les chèques sont séparés, nous pourrons toujours les retrouver.
Le client : — Bien, mais c'est long.
Le banquier : — Vous pouvez aussi recevoir chez vous un carnet de remises de chèques avec votre nom, votre adresse et vos coordonnées bancaires. Vous n'aurez plus qu'à noter le nombre de chèques, leur montant et l'émetteur, dater, signer et l'envoyer soit par la poste soit le déposer à la banque.
Le client : — Bien, et comment faire pour avoir ce carnet ? Est-ce que ça existe aussi pour déposer des espèces ?
Le banquier : — C'est fait, je viens de passer la commande. Mais il n'y a pas de carnet pour les versements d'espèces : vous pouvez prendre quelques bordereaux que vous remplirez chez vous, puis vous les apporterez à l'agence avec le liquide.

39 **Dites si ces affirmations sont vraies ou fausses.**

	Vrai	Faux
a) Le client veut prendre un chéquier.	❐	❐
b) Le client doit remplir deux formulaires.	❐	❐
c) Sur le formulaire pour les chèques doivent figurer le nom et la banque de celui ou ceux qui ont écrit les chèques.	❐	❐
d) Si je veux déposer des espèces, je dois remplir un formulaire.	❐	❐
e) Sur les formulaires, il faut préciser ses coordonnées bancaires.	❐	❐
f) Il faut signer le dos du chèque que l'on dépose.	❐	❐
g) On peut déposer un chèque en remplissant un formulaire spécial et en l'envoyant par la poste.	❐	❐
h) Il faut faire une demande écrite pour recevoir un carnet de remise de chèques.	❐	❐
i) Le formulaire de versement d'espèces se remplit exactement comme celui de la remise de chèques.	❐	❐
j) On ne doit pas signer les formulaires.	❐	❐
k) On peut recevoir chez soi un carnet de versement d'espèces.	❐	❐
l) Sur le formulaire de versements d'espèces, il faut indiquer le nombre de pièces et de billets de la même valeur.	❐	❐

40 **Remplissez les bordereaux de remise de chèques et de versement d'espèces.**

1. Monsieur Frank Bayer a reçu 3 chèques qu'il dépose à la banque le 25 mai. Un chèque de Pierre PINTAUD de 250 € de la banque GBP ; un autre de Jules CAUNET de 63,86 € de la banque CN ; et le dernier de Nathalie FRAMBLOIS de 46,75 € de la banque BG.

BANQUE GÉNÉRALE — REMISE DE CHÈQUES

SOCIETE ANONYME R.C.S. PARIS

NOM DU TITULAIRE DU COMPTE

Chèques en euros payables en France et à Monaco

nombre de chèques :

Date et signature du client

NOM DE L'AGENCE QUI TIENT LE COMPTE

CADRE RESERVE A L'AGENCE

(A) 702705 - 000501 - 01/04

Emetteur – Banque	montant
	.
	.
	.
	.

code banque	code guichet	numéro de compte	clé RIB	montant total
2 0 0 6 9				. . .

Les cases ci-dessus doivent être remplies à l'identique du RIB papier. N'oubliez pas de signer et d'inscrire votre numéro de compte au verso de chaque chèque.
Pour plus de 5 chèques, indiquer le total et le nombre en joignant un relevé séparé des chèques remis. Volant destiné à la Banque Générale pour le traitement informatique.

⑈2669422 ⑈999901010002⑈

2. Il dépose aussi 364 € en espèces, 1 billet de 100 €, 4 billets de 50 €, 3 billets de 20 €, 1 pièce de 2 € et 2 pièces de 1 €.

BANQUE GÉNÉRALE
SOCIÉTÉ ANONYME R.C.S. PARIS

VERSEMENT D'ESPECES

NOM DU BÉNÉFICIAIRE ET DU DÉPOSANT (SI DIFFÉRENT)	nombre	montant	nombre	montant	EUR
	x 500 =		x 2 =		
	x 200 =		x 1 =		
	x 100 =		x 0,50 =		
	x 50 =		x 0,20 =		
NOM DE L'AGENCE QUI TIENT LE COMPTE	x 20 =		x 0,10 =		
ET NOM DE L'AGENCE DE VERSEMENT (SI DIFFÉRENT)	x 10 =		x 0,05 =		
	x 5 =		x 0,02 =		
			x 0,01 =		
			vrac		
	s/total a		s/total b		

code banque	code guichet	numéro de compte	clé RIB	montant total (a + b)
2 0 0 6 9	0			

référence (facultatif)   Date et visa de la Banque Générale   Date et signature du client

Versement n° **31** 6828478

01205363 - 06/03

VOLANT CONSERVÉ PAR L'AGENCE NE PEUT AVOIR VALEUR DE REÇU   (C) 514160

EN FRANCE, quand on vous fait un chèque, ce chèque porte votre nom et vous ne pouvez pas le donner à une autre personne à qui vous devez la même somme.

▶ Un chèque n'est endossable que par la personne à qui il a été donné.

▶ Vous pouvez seulement déposer le chèque sur votre compte.

▶ Un chèque est valable 1 an et 8 jours à partir de la date inscrite dessus.

CHÈQUE SANS PROVISION

Être victime d'un chèque sans provision est possible, aussi si cela arrive, la première chose à faire est de contacter le tireur du chèque (la personne qui a émis ce chèque) grâce à l'adresse qui figure sur le chèque pour lui demander comment il compte régler ce problème.
Si le tireur n'est pas joignable, représentez le chèque en fin de mois (les salaires sont souvent versés en fin de mois).

41 **Répondez aux questions.**

a) De combien de temps dispose-t-on pour déposer un chèque ?

....

b) Peut-on donner à quelqu'un d'autre un chèque qui porte comme bénéficiaire notre nom ?

....

c) Quelles sont les deux recours à ma disposition pour obtenir mon argent lorsque le chèque présenté est sans provision ?

....

d) Quelle est la meilleure période pour présenter un chèque qui a déjà été refusé ?

....

e) Pour quelle raison ?

....

42 **Associez les définitions.**

a) une provision. – **b)** la validité. – **c)** un tireur. – **d)** représenter un chèque.

1. Une personne qui écrit un chèque en faveur d'une autre.
2. Déposer un chèque à la banque afin de créditer son propre compte.
3. Le temps pendant lequel on a la possibilité de présenter un chèque.
4. Avoir sur son compte la somme équivalente au montant du chèque que l'on écrit.

a)	b)	c)	d)

43 **Dans votre pays, utilise-t-on les chèques différemment ?**
Quelle est la procédure pour déposer un chèque ?

II. Retirer de l'argent

44 **Remettez dans l'ordre ce qui est écrit sur l'écran.**

1. Reprenez votre carte.
2. Désirez-vous un ticket ?
3. Prenez votre ticket et vos billets.
4. Appuyez sur la touche valider.
5. Insérez votre carte.
6. Composez votre code.
7. Choisissez le montant désiré.

a)	b)	c)	d)	e)	f)	g)

45 **Remettez dans l'ordre ce dialogue entre un guichetier et un client.**

1. *Le client :* voilà, je souhaite retirer 500 € en billets de 50 € si possible.
2. *Le client :* pardon, je ne savais pas… voilà.
3. *Le client :* Bonjour, je voudrais retirer de l'argent avec mon chéquier.
4. *Le client :* C'est parfait, merci, au revoir.
5. *Le banquier :* bien sûr… je suis désolé mais vous avez oublié de signer au dos du chèque.
6. *Le banquier :* bien, alors 20 coupures de 50 €. Vous recomptez.
7. *Le banquier :* Je vous en prie, bonne journée.
8. *Le banquier :* Pas de problème, vous indiquez le montant que vous voulez en chiffres et en lettres mais vous mettrez comme ordre : moi-même.

a)	b)	c)	d)	e)	f)	g)	h)

III. Prélèvement automatique

TÉLÉPHONEZ MOINS CHER

Blois, le 20 janvier 20..

Frank BAYER
15 rue Pastre
75006 Paris

Votre n° de compte TELLIB : 6587255

Monsieur Bayer,

Comme convenu lors de notre entretien téléphonique, nous vous faisons parvenir votre demande de prélèvement automatique.

• **C'est simple :** Plus de chèque à établir, ni de lettre à poster pour régler votre facture.

• **C'est sûr :** Vous ne risquez pas d'oublier de payer votre facture.

• **C'est souple :** Vous pouvez à tout moment suspendre votre prélèvement automatique par simple appel à notre service client.

> **N'oubliez pas de joindre un Relevé d'Identité Bancaire (RIB),**
> Après avoir complété et signé l'autorisation de prélèvement ci-dessous.
>
> Autorisation de prélèvement à renvoyer par courrier sous enveloppe non affranchie à :
> TELLIB – Relations Clients – BP 35 962 – 41759 Blois Cedex

Je vous prie de croire, Monsieur Bayer, en l'expression de mes sincères salutations,

Laure DELAGIS
Directrice de la Relation Clients

Votre autorisation de prélèvement automatique   **6587255**

J'autorise l'établissement teneur de mon compte à effectuer sur ce dernier, et si sa situation le permet, tous les prélèvements, je pourrai en faire suspendre l'exécution par simple demande à l'établissement teneur de mon compte. Je règlerai le différend avec TELLIB.

Titulaire du compte à débiter	**Établissement du compte à débiter**
Nom :	Agence : ....
Adresse :	Adresse : ....
....	....
....	....
Code Postal :	Code Postal : ....
Ville :	Ville : ....

Désignation du compte à débiter

Code établissement	Code guichet	N° de compte	Clé RIB

Date :   Signature :

TELLIB SAS –siège social : 68 rue de La Libération 92648 Paris La Défense
SAS au capital de 315 256 214 € - RCS Nanterre 258 369 147 – N° TVA intracommunautaire : FR 49 587 669 558

46 Regardez la lettre et répondez aux questions :

a) Qui est l'émetteur de la lettre ? : ....

b) Qui est le destinataire ? : ....

c) De quelle ville est écrite la lettre ? : ....

d) À quelle date ? : ....

e) Qui signe la lettre ? : ....

f) Quelle est l'adresse de l'émetteur ? : ....

g) Quelle est l'adresse du destinataire ? : ....

47 Lisez la lettre et cochez la bonne réponse :

1. *Cette lettre fait suite à :*
   a) une demande d'information. ☐
   b) une demande par téléphone. ☐
   c) une demande écrite. ☐

2. *Ce document est :*
   a) une publicité. ☐
   b) une demande d'autorisation de prélèvement. ☐
   c) une facture. ☐

3. *Un prélèvement automatique permet de payer votre facture :*
   a) par téléphone. ☐
   b) par chèque. ☐
   c) sans rien faire. ☐

4. *Pour arrêter le prélèvement automatique, il suffit :*
   a) d'écrire à TELLIB. ☐
   b) de téléphoner à sa banque. ☐
   c) de téléphoner au service Clients de TELLIB. ☐

5. *Pour mettre en place le prélèvement automatique, il faut :*
   a) envoyer un chèque. ☐
   b) envoyer un RIB. ☐
   c) envoyer une lettre d'accord. ☐

6. *Il faut envoyer les documents dans :*
   a) une enveloppe sans timbre. ☐
   b) une enveloppe spéciale. ☐
   c) une enveloppe timbrée. ☐

7. *La partie « Votre autorisation de prélèvement » doit être :*
   a) remplie. ☐
   b) gardée. ☐
   c) envoyée à votre banque. ☐

48 Donnez les adjectifs ou les noms correspondants :

Nom	Adjectif	Nom	Adjectif
a) La simplicité			**e)** autorisé
b) La souplesse		**f)** La signature	
c) La sûreté		**g)** La suspension	
d) Un affranchissement			**h)** litigieux

49 Retrouvez le synonyme :

a) lors	**1.** arrêter
b) comme convenu	**2.** après accord
c) établir	**3.** un problème
d) suspendre	**4.** timbré
e) affranchi	**5.** pendant
f) un différend	**6.** écrire

a)	b)	c)	d)	e)	f)

IV. Suspension d'un prélèvement automatique

AUTORISATION DE PRÉLÈVEMENT AUTOMATIQUE

▶ Une fois l'autorisation de prélèvement automatique effectuée, une simple lettre de suspension de prélèvement à la société qui émet les factures et un appel à votre banquier annulera le prélèvement automatique.

▶ La société qui facture ne demande pas d'autorisation à chaque facture ; le prélèvement se fera sans que le titulaire du compte débité ait à faire quoi que ce soit.

▶ La date de paiement ne peut être modifiée.

▶ Certaines banques prennent des frais de mise en place.

Frank Bayer
15, rue Pastre
75006 Paris

TELLIB
Relations Clients
BP 35 962
41759 Blois Cedex

Objet : demande de suspension de Prélèvement Automatique
N° de compte *TELLIB* : 6587255

Paris, le 25 juin 2005

Madame, Monsieur,

Je viens par la présente vous demander de suspendre le prélèvement automatique mis en place le 24 janvier 2004.

En effet, je souhaite reprendre le contrôle de mes paiements car je me suis rendu compte que certains prélèvements ne correspondaient pas au montant de la facture envoyée.

Je règlerai donc le montant de ma prochaine facture par chèque.

Dans l'attente de ce changement, veuillez accepter, Madame, Monsieur, mes sincères salutations.

Frank Bayer

---

50 Regardez la lettre et répondez aux questions :

a) Qui est l'émetteur de la lettre ? : ....

b) Qui est le destinataire ? : ....

c) À quelle date cette lettre a-t-elle été écrite ? : ....

d) Quelle est l'adresse de l'émetteur ? : ....

e) Quelle est l'adresse du destinataire ? : ....

f) Quel est le motif de la lettre ? : ....

g) À quelle date le PA a-t-il été mis en place ? : ....

h) Que donne-t-on comme explication qui motive la lettre ? : ....

i) Comment seront réglées les factures à l'avenir ? : ....

V. Titre Interbancaire de Paiement

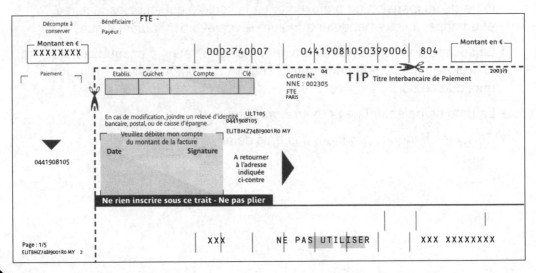

Nom : Frank Bayer
Sa banque est la Banque Générale ; son code est le : 20069.
Agence Paris Odéon ; code guichet : 04562. Numéro de compte est le : 00045682147
clé : 25
Montant : 69,45 Euros   Date : 15 décembre 20..

51 **Répondez aux questions :**

a) Ce TIP est en faveur de quel organisme de facturation ? ....

b) Comment s'appelle la personne à qui s'adresse le TIP ? ....

c) Quel est le code banque et le code guichet du compte à débiter ? ....

d) Quel est le numéro de compte à débiter ? ....

e) De quel montant est ce TIP ? ....

f) À quelle date cette somme sera-t-elle débitée ? ....

TITRE INTERBANCAIRE DE PAIEMENT

▶ Un Titre Interbancaire de Paiement est un moyen de paiement qui évite d'envoyer un chèque par courrier.

▶ Certains organismes proposent au bas de leurs quittances le règlement par TIP, lors du premier règlement, il faut joindre un RIB. Sur les factures suivantes le TIP portera les coordonnées bancaires du compte à débiter.

▶ Contrairement au prélèvement automatique, il faut remplir le TIP à chaque facture reçue en le datant, le signant et le renvoyer à l'adresse indiquée.

▶ De plus, un accord est nécessaire pour chaque règlement.

52 **Dites si ces affirmations sont vraies ou fausses.**

	Vrai	Faux
a) Quand un prélèvement automatique (PA) est mis en place, le titulaire du compte peut changer à tout moment le montant prélevé.	❏	❏
b) Un PA oblige le titulaire du compte débité à donner son accord à chaque facture.	❏	❏
c) Pour autoriser un PA, il faut joindre un RIB.	❏	❏
d) Un PA peut être suspendu à tout moment par le client.	❏	❏
e) Il faut donner une explication pour arrêter un PA.	❏	❏
f) Il faut écrire une lettre à son banquier pour mettre fin à un PA.	❏	❏
g) Un TIP est la même chose qu'un PA.	❏	❏
h) Un TIP est utilisé pour une seule facture.	❏	❏
i) La société qui facture demande un RIB à chaque envoi de TIP.	❏	❏
j) On peut régler toutes ses factures d'électricité en remplissant un seul TIP.	❏	❏
k) Un TIP peut remplacer un chèque.	❏	❏
l) Un TIP permet de vérifier chaque facture avant de la payer.	❏	❏

2 Virements

I. Virement ponctuel

Le banquier : – Bonjour Monsieur.

Le client : – Bonjour Monsieur, je dois une certaine somme à un ami mais il ne veut pas de chèque et je ne veux pas sortir cette somme en liquide, quelle autre solution existe-t-il ?

Le banquier : – Vous pouvez passer un ordre de virement.

Le client : – Et comment ?

Le banquier : – Vous avez plusieurs possibilités ; vous pouvez soit en passer un en remplissant un ordre de virement ici ou bien en utilisant l'Internet chez vous. Si la personne a un compte à la Banque Générale cela ne vous coûtera rien.

Le client : – Parfait, puisque je suis ici je vais remplir l'ordre.

Le banquier : – Voila monsieur !

Le banquier donne un ordre de virement vierge au client qui le remplit.

53 **Remplissez le virement de 2 570 Euros que Frank Bayer veut faire en faveur de son ami Alain Reaunoud qui a un compte à la BG de Grenoble 04643 compte numéro 00058764814 clé : 21.**

BANQUE GÉNÉRALE | **ORDRE DE VIREMENT EN EUROS** €

SOCIETE ANONYME R.C.S. PARIS

A N'UTILISER QUE POUR DES ORDRES DE VIREMENT REDIGES EN EUROS
Une utilisation non conforme de ce document peut générer
des erreurs de traitement préjudiciables au donneur d'ordre.

Par le débit de mon compte
NOM DU DONNEUR D'ORDRE | Code banque: 2 0 0 6 9 | Code agence: 0 | Numéro de compte | Clé RIB

Nom de l'agence qui tient le compte | Je désire virer la somme de (montant en lettres) | Montant en chiffres EUR

Montant en chiffres EUR

En faveur du compte
NOM DU BÉNÉFICIAIRE | Frais d'exécution T.T.C. | Code banque | Code guichet | Numéro de compte | Clé RIB

Noms de la banque et du guichet du bénéficiaire | Date et signature du client

Motif du virement (facultatif)

Vous pouvez également grâce à Logitel et à Logitel Net faire vos virements 24 h sur 24. | Cadre réservé à la Banque Générale | Valeur débit | Valeur crédit | Code avis

012053 - 06/03 | **Volant 1 destiné à la Banque Générale** | (B) 513030

---

54 **Répondez aux questions :**

a) Quel est le problème de Monsieur Frank Bayer ?

....

b) Quelle solution a-t-il ?

....

c) Quelle solution choisit-il ?

....

d) Quel est le compte à débiter ?

....

e) Quel est le compte à créditer ?

....

f) Quelle est la somme qui doit être créditée ?

....

II. Virement permanent

La fille de Frank Bayer va partir pendant une année scolaire pour étudier à Nice. Il décide de lui donner 700 euros par mois pour payer son loyer et sa nourriture. Le numéro de compte de sa fille est le 000 48695866 clé 53 ; elle est dans la même banque que son père.

Frank Bayer commencera les virements le 15 août 2004 pour les arrêter le 15 juillet 2005.

55 Remplissez cet ordre de virement permanent. Vous êtes Monsieur Bayer.

Virement ponctuel	Virement permanent	Virement sur PEL

Saisir un compte

***** Saisir un compte ***** ▼

Code Banque	☐	Code Guichet	☐
N° de compte	☐	Clé RIB	☐
Titulaire (facultatif)	☐		**Mémoriser ce compte**

Montant ☐ EUR

Montant maximum autorisé par échéance : + 4 000,00 EUR

Périodicité Mensuelle ▼

Premier prélèvement ☐

Dernier prélèvement ☐

Ne saisissez que le mois et l'année

Motif (facultatif) ☐

DÉFINITION

Un virement est une opération qui consiste à débiter un compte pour en créditer un autre. Un ordre de virement peut être donné par écrit sur papier libre ou sur un imprimé. Beaucoup de banques permettent à leurs clients d'effectuer des virements par Internet.

56 **Associez les propositions :**

a) hebdomadaire	1. une fois tous les 3 mois
b) mensuel	2. deux fois par an
c) bimensuel	3. une fois par an
d) trimestriel	4. une fois par semaine
e) semestrielle	5. six fois par an
f) annuelle	6. une fois par mois

a)	b)	c)	d)	e)	f)

III. Virement international

Pour effectuer un virement international, il est nécessaire d'avoir l'adresse bancaire internationale du bénéficiaire. De même, toute personne à l'étranger voulant faire un virement sur un compte bancaire en France devra fournir cette identification internationale composée du IBAN et du BIC-ADRESSE SWIFT.

57 **Complétez le texte avec les mots suivants :** *habilitées – ordre – code – transfrontaliers – erreur – national – uniformité – exclusivement – adhèrent.*

• L'IBAN est une nouvelle structure de numéro de compte bancaire pour les transferts **a)** .... en Europe.

• L'IBAN se compose :

– du **b)** .... ISO du pays où le compte est détenu (2 lettres) ;

– d'un numéro de contrôle (Check digit de 2 chiffres) ;

– de l'actuel numéro de compte **c)** ....

Les autres pays européens qui **d)** .... à cette nouvelle structure adaptent leur numérotation sur cette même base.

• Une numérotation bancaire uniforme pour l'Europe

L'IBAN permet l'**e)** .... des comptes bancaires pour les pays qui adoptent cette nouvelle norme. Ainsi, l'identification de la banque donneuse d'**f)** .... et du pays d'origine est immédiate et sans risque d' **g)** ....

• L'IBAN ne remplace pas votre numéro de compte actuel.

L'IBAN est **h)** .... valable pour les transferts transfrontaliers. Pour les transferts entre comptes nationaux, la structure habituelle reste d'application. Seules votre banque et la Banque de France ou la Banque Nationale du pays sont **i)** .... à convertir votre numéro de compte en IBAN.

Ce numéro doit toujours être communiqué avec le BIC.

▶ Le titulaire d'un compte peut décider d'effectuer un virement en faveur d'une autre personne ou d'un de ses propres comptes.

▶ La somme virée lors d'un virement permanent est la même à chaque virement. La somme virée est décidée par le donneur d'ordre et il peut y mettre fin quand il le souhaite.

▶ Un virement peut être effectué de différentes façons (par lettre, en remplissant un bordereau à la banque, avec ou sans RIB…) et les coûts varient en fonction du type de moyen utilisé.

▶ Un virement occasionnel en faveur d'un compte dans une autre banque de France est payant ; le montant varie en fonction des banques (entre 3 et 10 €).

▶ Un virement permanent en faveur d'un compte dans une autre banque de France est payant.

▶ Un virement international d'une somme supérieure à 12 500 euros doit obligatoirement être motivé par un code institué par la Banque de France.

Monsieur Bayer a encore une maison aux Pays-Bas, aussi a-t-il besoin de temps en temps d'effectuer des virements sur son compte aux Pays-Bas.

58 **Remplissez ce virement international (page 40).**

Aujourd'hui, le 25 mars 2005 Frank Bayer va à sa banque pour passer un ordre de virement international. Il crédite son compte hollandais de 1 850 euros.
Sa banque aux Pays-Bas est la PABI. Son IBAN : NL10 PABI 0282 2715 12
BIC- ADRESSE SWIFT : PABINLDE

BANQUE GÉNÉRALE

ORDRE DE VIREMENT A L'ETRANGER

SOCIETE ANONYME AU CAPITAL DE 000 000 000 00 EUR SIEGE SOCIAL A PARIS, 29 BD HAUSSMANN R.C.S. PARIS

DONNEUR D'ORDRE
NOM ET ADRESSE OU CACHET COMMERCIAL

Cachet commercial de l'Agence
BANQUE GÉNÉRALE

Par le débit du compte

Code banque	Code guichet	Numéro de compte	Clé R.I.B.	Devise du compte *Voir au verso (2)*
2 0 0 6 9	0			

Veuillez effectuer un virement

☐ Ordinaire *Voir au verso (1)*   ☐ Urgent (traitement le jour de la remise - voir conditions auprès de votre Agence)   ☐ Autre date

Pour la somme de (montant en chiffres)   Devise (Code ISO)   *Voir au verso (2)*

Montant et devise en lettres _____

Références (restituées sur votre relevé de compte)

Numérique   Libellé (31 caractères maximum)

En faveur de
NOM et adresse du bénéficiaire _____

Coordonnées du compte (IBAN)

Domiciliation bancaire du bénéficiaire

Code BIC (SWIFT)

NOM de la Banque _____
Ville _____   Pays _____

Motif de paiement (destiné au bénéficiaire)

Frais (en l'absence d'instructions de votre part, les frais seront perçus selon la Réglementation en vigueur)

☐ Frais BG à la charge du donneur d'ordre (SHA)   ☐ Tous les frais à la charge du donneur d'ordre (OUR)   ☐ Tous les frais à la charge du bénéficiaire (BEN)

POUR LES MONTANTS SUPÉRIEURS À 12 500 EUR (OBLIGATOIRE)
Nature économique de l'opération *Listes des codes au verso (3)*

Opération de change

☐ Change comptant à effectuer par vos soins

☐ Change comptant déjà effectué auprès de vos services le

☐ Utilisation des devises achetées à terme le   Numéro de contrat

Modalités particulières *Voir au verso (4)*   Date et signature accréditée du donneur d'ordre

_____
_____
_____

(F) 551105

Volant 1 à remettre à votre agence

000675 - 09/2003

3 Changer de l'argent

59 Complétez le dialogue avec les mots suivants : *contresigner – espèces – achat – chèques – assure – commande – affaires – coupures –- augmenteront – monnaies – chèques – devises.*

Monsieur Frank Bayer doit partir à l'étranger pour un voyage d'**a)** ....
Après New York, il doit aller à Tokyo et enfin prendre une semaine
pour se détendre un peu à Rio.
Pour cela il a besoin de devises de différentes **b)** ....

F. Bayer : – Bonjour j'aimerai avoir 500 dollars en **c)** .... de 20 dollars,
50 000 yens en **d)** .... et 600 dollars en **e)** .... de voyage.
Le banquier : – Bien monsieur, mais pour les **f)** .... de voyages
il faut 24 h. Nous les aurons demain.
F. Bayer : – Parfait, dans ces conditions, je reviendrai demain, mais vous êtes sûr
que je les aurai demain ? J'en ai absolument besoin car je pars après-demain.
Le banquier : – Bien, je vous **g)** ....que demain vous aurez
vos chèques, je passe la **h)** .... immédiatement. J'ai juste besoin
de votre nom et de votre numéro de compte.
F. Bayer : – Frank Bayer numéro de compte 00045682147 clé 25. Donc,
je reviendrai demain pour tout prendre, je ne pense pas que le **i)** ....
du dollar et du yen **j)** .... en une nuit.
Le banquier : – Non, cela m'étonnerait beaucoup. À demain Monsieur.
F. Bayer : – Merci et à demain.

Le lendemain

F. Bayer : – Bonjour. Frank Bayer, j'ai commandé des **k)** .... en yens
et en dollars et des chèques de voyage en dollars.
Le banquier : – Bonjour monsieur Bayer, j'ai tout ce qu'il faut.
À l'**l)** .... le yen est à 0.75 € pour 100 JPY ; le dollar est à 0.815 €
pour 1 USD, les chèques de voyage en dollars sont à 0.810 USD pour 1 €.
F. Bayer : – Le cours du dollar a beaucoup baissé ces derniers temps.
Le banquier : – En effet. Je dois vous demander de recompter les billets
et de signer chaque chèque de voyage. Vous n'oublierez pas de les **m)**
.... au dos, au moment où vous les utiliserez.

60 Répondez aux questions :

a) Dans quels pays, Monsieur Bayer doit-il aller ? ....

b) Quelles sont les devises qu'il demande ? ....

c) Les devises demandées sont-elles toutes en espèces ? Si non, en quoi ?

....

d) Quel est le problème ?

....

e) Que doit faire Frank Bayer devant le banquier ?

....

f) Que devra-t-il faire par la suite ?

....

Rassurer quelqu'un

Vous pouvez compter sur moi, vous aurez vos devises demain.
Je vous assure que vous aurez vos devises demain.
Assurer quelqu'un que quelque chose sera fait.
Je vous promets que vous aurez vos devises demain.
Promettre à quelqu'un que quelque chose sera fait.
Je m'occupe personnellement de commander vos devises aujourd'hui.
S'occuper de faire quelque chose.

S'inquiéter

J'espère que j'aurai les devises demain.
Espérer que quelque chose sera fait.
Vous êtes sûr(e) que j'aurai les devises demain ?
Être sûr(e) que quelque chose sera fait.
Pouvez-vous m'assurer que j'aurai les devises demain ?
Pouvoir assurer quelqu'un que quelque chose sera fait.

61 Faites dialoguer un banquier et un client. Le client s'inquiète, le banquier assure le client que ce qu'il demande sera fait. Utilisez les différentes expressions.

INFO

En cas de perte ou de vol, le titulaire sera remboursé si les chèques n'ont pas été contresignés à l'avance et s'il lui est possible de donner les numéros des chèques non utilisés. En général, il faut attendre 48 h pour le remboursement.

4 Obtenir un chèque de banque

M. Maury : – Alors, nous sommes d'accord sur 3 500 euros pour la voiture ?

M. Bayer : – C'est d'accord, Monsieur Maury. Comment voulez-vous être réglé ?

M. Maury : – Je préfère un chèque de banque.

M. Bayer : – Pas de problème, je téléphone à mon banquier pour lui demander un chèque de banque de la somme convenue et nous nous reverrons dans 3 jours pour l'échange ?

M. Maury : – C'est bon pour moi, jeudi vers 13 h, ici même.

M. Bayer : – Parfait, alors à jeudi !

M. Maury : – Au revoir !

62 **Dites si ces affirmations sont vraies, fausses ou si on ne sait pas (??)**

	Vrai	Faux	??
a) M. Bayer et M. Maury sont de bons amis.	☐	☐	☐
b) M. Maury vend sa voiture.	☐	☐	☐
c) M. Maury préfère des espèces.	☐	☐	☐
d) M. Bayer paie immédiatement.	☐	☐	☐
e) M. Bayer et M. Maury se rencontreront jeudi à 13 h.	☐	☐	☐

Monsieur Bayer téléphone à sa conseillère Mme Ruby.
M. Bayer : – Bonjour Madame Ruby. Frank Bayer à l'appareil. J'aurais besoin d'un chèque de banque.
Mme Ruby : – Bien, alors, j'ai besoin tout d'abord de connaître le montant du chèque pour voir s'il y a la provision suffisante sur votre compte et le nom du bénéficiaire.
M. Bayer : – Le montant est de 3 500 euros à l'ordre de Monsieur Stéphane Maury.
Mme Ruby : – Je regarde votre compte… C'est bon, vous avez ce qu'il faut sur votre compte. Vous pouvez passer demain matin ?
M. Bayer : – Ce n'est pas possible aujourd'hui ?
Mme Ruby : – Non, je suis désolée mais la banque est déjà fermée aux clients, il est 18 h 30. Mais demain, dès l'ouverture, vous pourrez venir le chercher, il sera à votre disposition à la caisse.
M. Bayer : – Bon, je viendrai demain donc, merci et au revoir.
Mme Ruby : – Au revoir monsieur Bayer.

63 **Dites si ces affirmations sont vraies, fausses ou si on ne sait pas (??)**

	Vrai	Faux	??
a) M. Bayer appelle Mme Ruby pour savoir s'il a 3 500 euros sur son compte.	❏	❏	❏
b) M. Bayer veut un chèque de banque.	❏	❏	❏
c) M. Bayer doit indiquer la somme et le nom du bénéficiaire.	❏	❏	❏
d) La banque ferme à 18 h.	❏	❏	❏
e) M. Bayer passera à la banque dans la matinée.	❏	❏	❏

CHÈQUE DE BANQUE

Le chèque de banque est un chèque émis par une banque. Il garantit au bénéficiaire que l'émetteur du chèque a la provision suffisante sur son compte et que la somme sera créditée sur le compte du bénéficiaire sans problème.

ATTENTION AUX FAUX CHÈQUES DE BANQUE !

Certains acheteurs de véhicules d'occasion utilisent de faux chèques de banque. Ils font l'échange le week-end quand les banques sont fermées. Lorsque le vendeur présente le chèque à la banque, il est trop tard et le véhicule est déjà parti. Donc :
– ne jamais accepter de chèque de banque quand les banques sont fermées ;
– vérifier que toutes les mentions légales figurent sur le chèque ;
– vérifier que le numéro de téléphone figurant sur le chèque correspond effectivement à celui d'une agence bancaire ;
– appeler l'agence pour vérifier que le chèque est bon, en donnant le numéro du chèque, le montant et le nom du bénéficiaire.

64 Répondez aux questions après avoir lu les informations ainsi que la mise en garde :

a) Pourquoi un chèque de banque est-il plus sûr qu'un chèque normal pour le bénéficiaire ?

....

b) À quelle occasion utilise-t-on un chèque de banque ?

....

c) Que doit-on faire pour obtenir un chèque de banque ?

....

d) Si l'on vous donne un chèque de banque en échange de votre voiture, de quoi devez-vous vous assurer ?

....

INFO

Il est extrêmement courant en France de régler une voiture que l'on achète d'occasion, ou un bien immobilier, avec un chèque de banque.

INFO LÉGALE

La législation française oblige à effectuer les règlements suivants par chèque, carte ou prélèvement :
– traitements et salaires quand ils sont supérieurs à 1 500 euros par mois ;
– paiements effectués par un particulier quand le montant est supérieur à 3 000 euros.

Dans votre pays, utilise-t-on des chèques de banque ? À quelles occasions ? Pour quel montant ?

4. Lettres

 Présentation d'une lettre

Nom
et adresse
de l'expéditeur

Nom
et adresse
du destinataire
Ville, date

Objet :
N° de compte :

Formule d'appel : Madame, Monsieur,

Corps de la lettre
Introduction (utilisation du présent)

Explication de la raison de la lettre (utilisation du passé
quand la raison est passée, présent si elle est actuelle ou futur
si elle est à venir)

Conclusion : indiquer ses attentes (présent, futur ou conditionnel)

Formule de politesse

Signature

▶ Si la lettre est écrite à la main, ne pas oublier de décaler un peu vers la droite, la formule d'appel ainsi que le début de chaque paragraphe.

▶ Si la lettre est tapée, il n'est pas nécessaire de faire le décalage.

▶ La signature est toujours située en bas à droite.

Dans votre pays, quelles sont les règles de présentation des lettres administratives ?

2 La procuration

Le banquier : Banque Générale, Marine Ruby, j'écoute ?
Frank Bayer : Bonjour madame, je vous appelle pour savoir ce que je dois faire.
Voilà : nous allons partir, ma femme et moi, pendant deux mois
et je souhaite donner la possibilité à ma mère de s'occuper normalement des
enfants en utilisant mon compte. Est-ce possible ?
Le banquier : Tout à fait ! Il suffit de lui faire une procuration.
Frank Bayer : Comment est-ce que ça se présente ?
Le banquier : C'est très simple, vous devez faire une lettre que vous nous adressez,
dans laquelle vous écrivez que vous donnez à votre mère le droit d'effectuer
toutes les opérations ou certaines opérations sur votre compte.
Frank Bayer : Est-ce que cette lettre doit avoir une forme ou des formules
particulières ?
Le banquier : Oui. Il faut en effet que vous commenciez par : *je soussigné(e)*,
votre prénom, votre nom, titulaire du compte et votre numéro, ouvert auprès de
votre agence, *autorise* : le nom et le prénom du mandataire *à*, et vous dites
quelles opérations vous autorisez cette personne à effectuer.
Vous pouvez aussi donner les dates de début et de fin
de la procuration et vous terminez par *fait à* et la ville, le pays
et la date puis vous signez.
Frank Bayer : Bien. Et je vous envoie la lettre personnellement ?
Le banquier : Oui, je la mettrai dans votre dossier. N'oubliez pas de dire à votre
mère d'avoir sa pièce d'identité sur elle, si elle vient à l'agence pour effectuer des
opérations sur votre compte. Voilà, je pense que je vous ai tout dit. Autre chose,
monsieur Bayer ?
Frank Bayer : Non, je vous remercie, pour le moment j'ai ce qu'il faut. Au revoir !
Le banquier : Au revoir !

65 **Dites si ces affirmations sont vraies ou fausses :**

	Vrai	Faux
a) Monsieur Bayer doit quitter la France.	❏	❏
b) M. Bayer veut donner de l'argent à sa mère.	❏	❏
c) M. Bayer veut confier ses finances à sa mère.	❏	❏
d) Pour cela il doit remplir un formulaire.	❏	❏
e) Il doit se déplacer à l'agence.	❏	❏
f) Il y a des formules particulières dans une procuration.	❏	❏
g) Il faut nommer la personne mandatée.	❏	❏
h) Il faut préciser quelles opérations le mandataire sera en droit d'effectuer.	❏	❏

Il suffit de faire une procuration.
Suffire de faire quelque chose   il suffit (forme impersonnelle)
Vous n'avez qu'à faire une procuration.
N'avoir qu'à faire quelque chose
Vous devez simplement/seulement faire une procuration.
Devoir simplement/seulement faire quelque chose

66 **Écrivez la lettre de procuration de Monsieur Bayer.**

Frank Bayer
....
....

                             Banque Générale
                             À l'attention de ....
                             2 carrefour de l'Odéon
                             75006 Paris
                             ...., le ....

Je ....
....
....
....
....
                      Fait à ...., le ....
                      Frank Bayer

ATTENTION

▶ Tout titulaire de compte a le droit de donner à qui il veut, famille ou ami, la possibilité de faire toutes les opérations bancaires, dans les limites fixées au départ par le titulaire du compte. Toutefois, le titulaire du compte reste responsable.

▶ Si le mandataire émet un chèque alors que la provision sur le compte n'est pas suffisante, le titulaire du compte pourra être frappé par l'interdiction d'émettre des chèques ou être fiché à la banque de France.

▶ Ne pas oublier de mettre fin à une procuration une fois qu'elle n'est plus utile.

67 Dites si ces affirmations sont vraies ou fausses.

<table>
<tr><td></td><td align="center">Vrai</td><td align="center">Faux</td></tr>
<tr><td>**a)** Une procuration est un document qui permet au titulaire d'un compte de donner, à une tierce personne, le pouvoir d'effectuer des opérations sur son compte.</td><td align="center">❐</td><td align="center">❐</td></tr>
<tr><td>**b)** Il faut que le nom du titulaire du compte et du mandataire soient mentionnés dans la procuration.</td><td align="center">❐</td><td align="center">❐</td></tr>
<tr><td>**c)** Une procuration doit obligatoirement être manuscrite.</td><td align="center">❐</td><td align="center">❐</td></tr>
<tr><td>**d)** Si le mandataire fait une mauvaise opération, il sera tenu pour responsable.</td><td align="center">❐</td><td align="center">❐</td></tr>
<tr><td>**e)** Une procuration prend fin au bout d'un certain temps.</td><td align="center">❐</td><td align="center">❐</td></tr>
</table>

3 L'opposition chéquier – Carte de paiement

Dialogue 1

Un client : Bonjour, je n'arrive plus à retrouver mon chéquier et j'ai l'impression de l'avoir laissé dans un magasin, mais quand je les appelle, ils me répondent qu'ils n'ont rien vu. Je suis pourtant persuadé que la dernière fois que je l'ai utilisé, c'était chez eux.

Le banquier : Vous avez bien regardé partout chez vous ?

Un client : Oui mais je préfère mettre opposition maintenant avant que quelqu'un ne s'en serve.

Le banquier : Bon, je mets donc opposition à votre chéquier. Connaissez-vous le numéro du dernier chèque que vous avez fait ou pouvez-vous le connaître ?

Un client : Je pense pouvoir appeler le commerçant chez qui j'ai fait mon dernier chèque afin qu'il me donne le numéro.

Le banquier : Parfait, alors appelez-le et rappelez-moi immédiatement avec le numéro et nous mettrons opposition aux suivants. Et en même temps, vous me ferez une lettre de confirmation.

Dialogue 2

La cliente : Bonjour monsieur, je voudrais signaler le vol de ma carte de retrait.
Le banquier : Avez-vous déjà appelé le centre d'opposition ? Vous avez eu le
numéro de téléphone au moment où vous êtes venue prendre votre carte.
Dans les papiers que vous avez reçus, il y avait le numéro.
La cliente : Non, je ne connais pas le numéro
de téléphone. Ca s'est passé si vite, je sortais
ma carte de mon portefeuille pour retirer
de l'argent quand deux types à mobylette ont
foncé sur moi et me l'ont arrachée des mains.
Je suis tombée et n'ai rien pu faire.
Le banquier : Vous n'êtes pas blessée ?
La cliente : Non, plus de peur que
de mal.
Le banquier : Bon, je fais opposition
tout de suite. Êtes-vous allée
à la police pour déclarer le vol ?
La cliente : Non, je n'ai pas eu le
temps, j'ai préféré vous appeler tout de suite.
Le banquier : D'accord, je fais opposition à votre carte
immédiatement et vous m'envoyez le plus vite possible
une lettre de confirmation ainsi que la déclaration de vol.

68 **Dites si ces affirmations sont vraies ou fausses :**

	Vrai	Faux
a) Il est préférable de faire opposition à ses moyens de paiement lorsqu'on pense les avoir perdus.	❑	❑
b) Il faut être le plus précis possible quant à la date de la dernière utilisation.	❑	❑
c) Si on perd un de ses moyens de paiement, il n'est pas nécessaire de faire une déclaration à la police.	❑	❑
d) Si les moyens de paiement ont été volés il n'est pas obligatoire de faire une déclaration à la police.	❑	❑
e) Il faut téléphoner immédiatement à un centre d'opposition des cartes lorsqu'on perd sa carte ou qu'elle est volée.	❑	❑
f) Il n'est pas nécessaire d'appeler sa banque lorsqu'on a perdu ses moyens de paiement.	❑	❑
g) Il est nécessaire d'écrire une lettre à sa banque pour informer de la perte ou du vol de son ou ses moyen(s) de paiement.	❑	❑

69 Remplissez le tableau avec les verbes au passé composé et donnez les infinitifs des participes passés comme dans l'exemple :

Auxiliaire avoir + verbe au participe passé	Infinitif du participe passé	Auxiliaire être + verbe au participe passé	Infinitif du participe passé
ils n'**ont** rien **vu**	**voir**	vous **êtes venu**	venir

70 Que remarquez-vous ?

a) À quel temps est l'auxiliaire ?...

b) Le participe passé change-t-il suivant le sujet ? ....

c) Quelles sont les deux cas où le participe passé prend un « e » ou un « s » à la fin ? ....

d) Pour quelle raison ? ....

Règles des auxiliaires et des accords :

Avec être : *Tous les verbes pronominaux*
Exemple : **se lever** *(re-de-par-) venir – aller – entrer – rentrer* – rester – (re) partir – (res) sortir* – (re) monter* – (re) descendre* – passer* – tomber – naître – mourir – retourner*.*
*Ces verbes peuvent être utilisés avec l'auxiliaire avoir quand ils sont suivis d'un complément d'objet direct.
Exemple : J'ai sorti ma carte. *Mais* Je **suis** sorti **de** la voiture.
Accord : Tous les participes passés utilisés avec l'auxiliaire être s'accorde avec leur sujet.
Exemple : Pierre est tombé ; Marie est tombé**e** ; Pierre et Marie sont tombé**s** ; Elles sont tombé**es**.
Avec avoir : *Tous les autres verbes.*
Accord : jamais d'accord avec le sujet. Accord avec le complément d'objet direct quand il est placé devant le verbe.
Exemple : Marie a perdu sa carte. → Marie **l**'a perdu**e**.

71 Complétez ces 2 lettres avec les mots manquants.

Lettre 1 : *opposition – remerciements – joint – montant – numéro de compte – carte – entretien – ce – vouloir – téléphone – opération – plainte.*

Laure Dontel
26 place des Italiens
06012 Nice

a) .... : 04 94 93 94 95

b) .... : 000 34455521232

Banque Générale
10 place Victoire
06000 Nice

Suite à notre **c)** .... téléphonique de **d)** .... jour, je vous confirme

de bien **e)** .... prendre en compte ma demande d' **f)** .... suite au vol

de ma **g)** .... n° 0546321576445, la dernière **h)** .... datant

du 14 février 2004, pour un **i)** .... de 95 euros.

J'ai porté **j)** .... auprès des services de police cet après-midi même

et **k)** .... à la présente déclaration de vol avec violence.

Avec mes **l)** ....

Fait à Nice, le 15 février 20…
Laure Dontel

Lettre 2 : *noté – titulaire – inclus – déclarée – inscription – soussigné – chèques – jugé – chéquier – prie – présente.*

Alain Desmarais
9 rue Fargeot
69010 Lyon
Tél. : 04 56 38 45 67
N° de compte : 000 345678654

Banque Générale
56 rue Voltaire
69010 Lyon

Je **a)** ...., M. Desmarais Alain, **b)** .... du compte n° 000 456788532,

vous confirme par la **c)** .... la perte de mon **d)** .... Je vous

e) .... de bien vouloir faire opposition à tous les **f)** .... à partir

du numéro 0345 **g)** .... qui se présenteraient. Je n'ai pas **h)** ....

nécessaire de porter plainte à la police.

J'ai bien **i)** .... que la présente opposition sera **j)** .... à la Banque

de France et sera suivie d'une **k)** .... au Fichier national des chèques

irréguliers (FNCI).

Fait à Lyon, le 17 novembre 20…
Alain Desmarais

72 À quel dialogue correspond la lettre 1 ?
À quel dialogue correspond la lettre 2 ?

73 Relisez les deux dialogues et dites si les deux lettres correspondent aux deux dialogues ou non.

....

PERTE OU VOL DE CHÉQUIER OU DE CARTE DE PAIEMENT

▶ En cas de perte ou de vol de son chéquier ou de sa carte, faire immédiatement opposition en téléphonant à son agence et confirmer en envoyant une lettre recommandée avec accusé de réception à l'agence. Pour la carte, il existe un numéro de téléphone unique à appeler d'où que vous soyez. Ce numéro est donné lorsqu'on vous remet votre carte.

▶ Il est impératif de déposer plainte pour vol auprès de la police.

▶ Ne jamais vous servir du chéquier ou de la carte si vous le/la retrouviez car vous risqueriez des poursuites judiciaires.

▶ Très souvent les banques proposent des assurances, en cas de perte ou de vol des moyens de paiement, qui permettent au titulaire d'être protégé aussi contre les utilisations frauduleuses des cartes.

▶ Il est possible de faire opposition à sa carte même si l'on est toujours en sa possession : si l'on remarque sur son relevé de compte que certaines opérations faites avec la carte paraissent étranges. Dans ces conditions, vous avez 70 jours, à partir de la date de l'opération contestée, pour déposer une réclamation auprès de votre banque.

74 Dites si ces affirmations sur la perte ou le vol des moyens de paiement sont vraies ou fausses :

	Vrai	Faux
a) Il faut d'abord envoyer une lettre.	❑	❑
b) Une simple lettre suffit pour confirmer la perte ou le vol.	❑	❑
c) Il existe un numéro spécial à appeler pour les chéquiers perdus ou volés.	❑	❑
d) Il est possible d'utiliser son chéquier si on le retrouve quelques jours après y avoir fait opposition.	❑	❑
e) Toutes les banques proposent de s'assurer contre ce genre d'événement.	❑	❑
f) Il est impossible de contester des opérations que l'on n'aurait pas effectuées soi-même.	❑	❑
g) L'opération frauduleuse a été effectuée le 2 mars, nous sommes le 3 juillet, je peux encore contester cette opération.	❑	❑

4 Le changement d'adresse

Anna Burgault
24 rue des petites roses
83 750 Flassant
Tél. : 04 94 64 09 29

Banque Générale
À l'attention de Mme Mourichou
33 place Léon Blum
83 200 Toulon

Toulon, le 23 octobre 20...

Objet : changement d'adresse
N° de compte : 000 54875669 54

Madame Mourichou,

Je viens par la présente vous informer de mon déménagement.
En effet, à partir du 1er décembre 20... je serai domiciliée à Flassant :

24 rue des petites roses
83 750 Flassant

Le numéro de téléphone reste le même que celui que vous avez
et qui se trouve ci-dessus.

J'ai décidé de garder mon compte à Toulon, en attendant de décider
de mon installation définitive ou non à Flassant.

Je vous prie donc, dorénavant, de me faire parvenir mes relevés
de comptes ainsi que toute correspondance à cette nouvelle adresse.

Dans l'attente que ce changement soit effectif, je vous prie d'accepter,
Madame Mourichou, mes sincères salutations.

Anna Burgault

75 Lisez la lettre et entourez les bonnes réponses :

1. *Au 15 novembre 20..., la personne qui écrit habite :*
   a) à Toulon. ☐
   b) à Flassant. ☐

2. *Cette personne écrit pour donner :*
   a) l'adresse de son lieu de travail. ☐
   b) son accord à un nouveau prêt. ☐
   c) sa nouvelle adresse. ☐

3. *Cette personne va :*
   a) changer d'agence. ☐
   b) rester dans son agence. ☐
   c) changer de banque. ☐

4. *Cette personne souhaite :*
   a) ne plus recevoir de courrier, ni à Toulon ni à Flassant. ☐
   b) continuer de recevoir son courrier à Toulon. ☐
   c) recevoir son courrier à Flassant. ☐

5. *Le changement d'adresse est valable :*
   a) à partir du 1er décembre 20... ☐
   b) du 24 octobre jusqu'au 1er décembre. ☐
   c) à partir du 24 octobre 20... ☐

76 Comment commencer une lettre :

1. Madame, Monsieur,	**a)** Au directeur d'un établissement
2. Madame X,	**b)** À un monsieur qu'on connaît
3. Monsieur X,	**c)** À un établissement quand on ne connaît personne
4. Monsieur le Directeur,	**d)** À une dame qu'on connaît

1.	**2.**	**3.**	**4.**

Comment terminer une lettre

Je vous prie de bien vouloir	agréer,	formule d'appel	l'expression de (c'est acquis)		mes sincères salutations	
Je vous prie de					mes salutations	distinguées
Veuillez	accepter,		(on informe) l'assurance de	(les plus)		sincères

Exemple : à quelqu'un que vous ne connaissez pas, vous écrirez :
Je vous prie de bien vouloir agréer, Madame, Monsieur, l'expression de mes sincères salutations.
Exemple : à quelqu'un que vous connaissez, vous écrirez :
Veuillez acceptez, Madame X, mes (plus) sincères salutations.

5 La demande d'autorisation de découvert

77 **Remettez cette lettre dans l'ordre :**

Banque Générale
À l'attention de M. Tournant
15 place des Écoles
75002 Paris   *a*

Paule Raubutier
10 rue Florent
75003 Paris   *b*

Paule Raubutier *c*

N° de compte : 000 45785323 45 *d*

Nous sommes donc convenus d'un découvert de 2 000 euros à un taux de 12,5 %.
                                                                    e

Je vous remercie de votre compréhension et vous prie d'accepter, Monsieur
Tournant, l'expression de mes sincères salutations.
                                                                    f

Paris, le 6 décembre 20… *g*

À cette date, je recevrai une somme de 6 000 euros d'arriérés de salaire
qui me permettra de rendre mon compte à nouveau créditeur.
                                                                    h

Suite à notre accord téléphonique, je viens par la présente vous demander
une autorisation de découvert jusqu'au 1er janvier 20…
                                                                    i

Monsieur Tournant *j*

Objet : demande d'autorisation de découvert. *k*

1	2	3	4	5	6	7	8	9	10

78 Après avoir remis la lettre dans l'ordre, répondez aux questions :

a) Qui écrit la lettre ? : ....

b) Qui est le destinataire ? : ....

c) À quelle date a-t-elle été écrite ? : ....

d) Quel est l'objet de la lettre ? : ....

79 Dites si ces affirmations sont vraies, fausses, ou si on ne sait pas :

	Vrai	Faux	???
a) Le titulaire du compte est débiteur.	❏	❏	❏
b) Le titulaire du compte n'a pas prévenu son banquier de la situation.	❏	❏	❏
c) Le titulaire du compte espère recevoir une somme d'argent avant le 1er janvier.	❏	❏	❏
d) Le taux de découvert est décidé par le banquier seul.	❏	❏	❏
e) Le découvert autorisé est de 2 000 euros maximum.	❏	❏	❏
f) Si le titulaire dépasse cette somme, il devra prendre un crédit.	❏	❏	❏
g) Si le titulaire ne reçoit pas la somme attendue au 1er janvier, il devra demander une prolongation d'autorisation de découvert.	❏	❏	❏

80 Écrivez une lettre : choisissez une situation ou toutes.

1. Vous écrivez une lettre à votre banquier pour lui demander de vous envoyer exceptionnellement, en recommandé AR, votre chéquier à une autre adresse que la vôtre.

2. Après avoir téléphoné à votre banquier pour lui dire que vous ne retrouvez pas votre carte de paiement, vous écrivez la lettre de confirmation.

3. Nous sommes le 10 novembre et votre salaire ne vous sera versé qu'au 28 décembre. Vous demandez à votre banquier de vous accorder un découvert.

5. Compte débiteur

1 Les lettres

I. La lettre d'avertissement

BANQUE GÉNÉRALE

Paris, le 13 08 20..

Monsieur Bayer,

Je viens vers vous à propos du fonctionnement de votre compte.

En effet, l'échéance de 500 euros du 07 08 20.. de votre crédit n'a pu être réglée, votre compte ne présentant pas la provision suffisante.

Il est urgent de régulariser cette situation. Je vous demande donc de me faire parvenir le règlement de l'échéance dans les huit jours, par tout moyen à votre convenance.

Au cas où vous rencontreriez une difficulté particulière, susceptible de retarder ce règlement, je vous remercie de me contacter au 01 42 48 56 43 dès réception de la présente lettre, de façon à rechercher ensemble la solution la plus appropriée.

Je vous prie de recevoir, Monsieur Bayer, mes salutations distinguées.

NATHALIE RUBY
Conseillère de Clientèle

BANQUE GÉNÉRALE. S.A. AU CAPITAL DE 525 056 596,25 EUR. SIÈGE SOCIAL À PARIS, 210. Bd St Germain, SS1 110111 R.C.S. PARIS

---

81 **Répondez aux questions après avoir lu la lettre :**

a) Qui écrit la lettre ? ....

b) À qui ? ....

c) À quelle date ? ....

d) Quel est le motif principal de la lettre ? ....
....

e) Que doit faire le destinataire de la lettre ? ....
....

82 Retrouvez les définitions correspondant aux mots ou expressions suivantes :

a) Une échéance	**1)** somme d'argent que l'on a sur un compte
b) Régulariser	**2)** s'adresser à quelqu'un
c) Une provision	**3)** quelque chose doit arriver à destination
d) Un règlement	**4)** arranger
e) Régler	**5)** rendre régulier
f) Faire parvenir quelque chose à quelqu'un	**6)** action de payer
g) Venir vers	**7)** date à laquelle on doit payer quelque chose

a)	b)	c)	d)	e)	f)	g)

83 Dites si ces affirmations sont vraies ou fausses :

	Vrai	Faux
a) Monsieur Bayer n'a pas assez d'argent sur son compte.	❑	❑
b) Il rembourse 500 euros sur son crédit immobilier chaque mois.	❑	❑
c) M. Bayer a tout le temps qu'il veut pour rembourser son crédit.	❑	❑
d) La banque demande un chèque de 500 euros.	❑	❑
e) Si M. Bayer ne peut pas payer, il peut téléphoner à Mme Ruby pour résoudre le problème.	❑	❑

84 Imaginez le dialogue entre Madame Ruby et Monsieur Bayer.

Monsieur Bayer explique qu'il n'a pas reçu son salaire, sa société ayant des problèmes de trésorerie.

....

....

....

Demander une explication			S'excuser
Je souhaite	savoir ce qui	s'est passé ?	Je suis désolé.
Je voudrais		se passe ?	Excusez-moi.
J'aimerais	savoir ce qu'il	y a ?	Veuillez m'excuser.
Avez-vous un problème ?			

Donner une explication

Je **n'**ai **pas** fait quelque chose.   Quelque chose **n'**a **pas** (encore) été fait.
J'attends quelque chose.   Quelque chose doit être fait.

II. Présentation d'une lettre type émanant d'une entreprise ou d'une banque

Nom et adresse
de l'expéditeur

Ville, date

Nom et adresse
du destinataire

Objet :
N° de compte :

Formule d'appel : Madame, Monsieur,

Corps de la lettre
Introduction (utilisation du présent)

Explicaître de la raison de la lettre (utilisation du passé quand la raison est passée, présent si elle est actuelle ou futur si elle est à venir)

Conclusion : indiquer ses attentes (présent, futur ou conditionnel)

Formule de politesse

Nom de l'auteur de la lettre
Fonction

Signature

Raison sociale, statut juridique de l'entreprise

▶ La plupart des sociétés utilisent une présentation personnalisée. Cependant, toutes ces informations doivent figurer sur la lettre.

▶ Le lieu et la date sont, en général au-dessus de l'adresse du destinataire lorsque la lettre est envoyée dans une enveloppe à fenêtre (laissant apparaître l'adresse du destinataire écrite sur la lettre).

▶ En général, le logo, le nom, l'adresse ainsi que la raison sociale et le statut juridique de la société sont préimprimés.

85 **Dans votre pays, quelle est la présentation d'une lettre de société ? Quelle sont les différences ?**

III. La lettre de rappel

BANQUE GÉNÉRALE

Paris, le 01 09 20..

Monsieur Bayer,

Vous avez le souci de gérer votre compte bancaire au mieux de vos intérêts.

Je viens vers vous à ce sujet, car votre compte présente un solde débiteur depuis plus de quinze jours, ce qui n'est pas conforme aux modalités d'utilisation de la facilité de caisse dont nous sommes convenus.

En effet, la durée pendant laquelle cette facilité peut être utilisée ne doit pas excéder quinze jours par mois calendaire, consécutifs ou non, ce qui implique que votre compte revienne régulièrement en position créditrice.

Je crois important de vous demander de veiller au respect de cette règle de fonctionnement, car le maintien d'une situation irrégulière pourrait conduire à la remise en cause des accords relatifs au fonctionnement de votre compte.

Bien entendu, si vous rencontrez une difficulté à ce sujet, je me tiens à votre disposition pour rechercher la solution la plus appropriée (tél. : 01 42 48 56 43).

Je vous prie de recevoir, Monsieur, mes salutations distinguées.

NATHALIE RUBY
Conseillère de Clientèle

BANQUE GÉNÉRALE. S.A. AU CAPITAL DE 525 056 596,25 EUR. SIÈGE SOCIAL À PARIS, 210. Bd St Germain, SS1 110111 R.C.S. PARIS

---

86 **Répondez aux questions après avoir lu la lettre :**

a) Qui écrit la lettre ? ....

b) À qui ? ....

c) À quelle date ? ....

d) Quel est le motif principal de la lettre ? ....
....

e) Quel est le problème que pose la situation ? ....
....

f) Que doit faire le destinataire de la lettre ? ....
....

87 Dites si ces affirmations sont vraies ou fausses :

	Vrai	Faux
a) Le compte de M. Bayer est dans le rouge.	❏	❏
b) Son compte est débiteur depuis le 20/08/20..	❏	❏
c) Un compte peut être débiteur au maximum 15 jours par mois.	❏	❏
d) M. Bayer doit faire attention à la gestion de son compte.	❏	❏
e) Si M. Bayer ne fait rien, il risque de perdre la confiance de son banquier.	❏	❏

IV. La lettre de mise en garde

BANQUE GÉNÉRALE

Paris, le 15 09 20..

Monsieur Bayer,

Vous avez le souci de gérer votre compte bancaire au mieux de vos intérêts.

Je viens vers vous à ce sujet. En effet, votre compte présentait, le 01 09 20.., un solde débiteur de 2 500 euros.

Cette situation pose un problème car elle implique un traitement particulier de vos opérations et l'application d'une facturation spécifique.

De plus, à défaut de régularisation, votre agence pourrait être conduite à refuser le paiement des opérations (chèques, virements, prélèvements…) pour lesquelles une provision suffisante et disponible n'aurait pas été constituée.

Pour vous éviter ces frais et ces difficultés, deux solutions sont possibles :
– soit vous ramenez le solde de votre compte en position créditrice dans les meilleurs délais ;
– soit nous recherchons ensemble une solution mieux appropriée à vos besoins.

Je vous remercie de m'appeler au 01 42 48 56 43 pour m'indiquer quelle solution vous choisissez.

Je vous prie de recevoir, Monsieur, mes salutations distinguées.

NATHALIE RUBY
Conseillère de Clientèle

(I) Tout incident de fonctionnement de compte nécessitant un traitement particulier fait l'objet de la facturation spécifique prévue dans la brochure « Conditions appliquées aux opérations bancaires des particuliers », mise à la disposition de la clientèle dans les Agences.

BANQUE GÉNÉRALE. S.A. AU CAPITAL DE 525 056 596,25 EUR. SIÈGE SOCIAL À PARIS, 210. Bd St Germain, SS1 110111 R.C.S. PARIS

88 Répondez aux questions après avoir lu la lettre :

a) Qui écrit la lettre ? ....

b) À qui ? ....

c) À quelle date ? ....

d) Quel est le motif principal de la lettre ? ....

....

e) Quel est le problème que pose la situation ? ....

f) Que doit faire le destinataire de la lettre ?

....

89 Dites si ces affirmations sont vraies ou fausses :

	Vrai	Faux
a) Le compte de M. Bayer est toujours débiteur.	❏	❏
b) L'agence fait payer à M. Bayer chaque opération qui ajoute au débit du compte.	❏	❏
c) M. Bayer peut continuer à utiliser ses moyens de paiement.	❏	❏
d) M. Bayer doit appeler la banque.	❏	❏

90 Imaginez le dialogue entre M. Bayer et Mme Ruby.

INFO CONSEIL

▶ Il est important de parler à son banquier car les découverts non autorisés, ainsi que les dépassements, peuvent coûter très cher. La banque fait payer des frais d'opérations ou commissions réellement plus élevés que les agios (intérêts débiteurs). Il est possible de payer des agios même quand le compte n'est pas débiteur.
Attention aux différences de dates entre la date de dépôt et celle du traitement.

▶ Avant tout crédit, la banque proposera à son client, lors de dépenses exceptionnelles ou de problèmes passagers de trésorerie, une facilité de caisse ou une autorisation de découvert.

▶ La facilité de caisse permet de faire face à des difficultés de courte durée. La banque autorise le client à avoir son compte débiteur quelques jours par mois. Les intérêts débiteurs sont en général assez élevés. Cette autorisation n'est plus valable si le compte devient en permanence débiteur.

▶ Le découvert est accordé pour une période plus longue que la facilité de caisse mais, comme la facilité de caisse, ne peut excéder 90 jours.

V. Dernière lettre de mise en garde

BANQUE GÉNÉRALE

Paris, le 01 11 20..

Lettre recommandée avec AR

Compte n° : 04562 00045682147 25

Monsieur Bayer,

Je viens vers vous à propos de votre compte. En effet, celui-ci fonctionne en position débitrice depuis le 01 09 20… À ce jour, il présente un solde débiteur de 2 500 euros.

Cette situation pose problème. En effet, la facilité de caisse, dont le montant a été convenu avec votre agence, vous permet d'être à découvert pour une durée n'excédant pas 15 jours, consécutifs ou non, par mois. Votre compte doit donc redevenir créditeur entre chaque période d'utilisation.

Faute de respecter ces modalités, il ne sera plus possible de maintenir votre facilité de caisse.

En outre, la banque doit respecter la réglementation du crédit à la consommation s'appliquant aux opérations de crédit d'une durée supérieure à trois mois et d'un montant inférieur ou égal à 21 500 euros.

Il est donc urgent et important que nous nous rencontrions pour rechercher la solution la mieux appropriée à vos besoins actuels.

Je vous propose de m'appeler au 01 42 48 56 43 dès réception de cette lettre, afin que le règlement de vos opérations se poursuive sans difficultés.

Je vous prie de recevoir, Monsieur, mes salutations distinguées.

NATHALIE RUBY
Conseillère de Clientèle

BANQUE GÉNÉRALE. S.A. AU CAPITAL DE 525 056 596,25 EUR. SIÈGE SOCIAL À PARIS, 210. Bd St Germain, SS1 110111 R.C.S. PARIS

91 Répondez aux questions après avoir lu la lettre :

a) Qui écrit la lettre ? ....

b) À qui ? ....

c) À quelle date ? ....

d) Quel est le motif principal de la lettre ? ....
....

e) Quel est le problème que pose la situation ? ....
....

f) Que doit faire le destinataire de la lettre ?
....

INFO

▶ Il existe plusieurs crédits à la consommation.

▶ Les crédits à la consommation sont réservés à l'achat de biens de consommation (appareils ménagers, ameublement, …).
Le dossier se fait au moment de la conclusion du contrat de vente passé entre un acheteur et un vendeur.

▶ Pour en bénéficier il faut que :
  – la durée du prêt soit supérieure à trois mois,
  – le montant soit inférieur à 21 500 euros,
  – le prêt ne se rapporte pas à une activité professionnelle.

▶ Pour éviter le surendettement à l'emprunteur (avoir plusieurs crédits en même temps et avoir des difficultés ou être dans l'incapacité de les rembourser), les pouvoirs publics fixent eux-mêmes l'apport personnel, la durée maximale du crédit et les limites des taux d'intérêts.

---

92 Dites si ces affirmations sont vraies ou fausses :

	Vrai	Faux
a) Cette lettre est un rappel de la précédente.	❐	❐
b) La banque doit proposer à M. Bayer un crédit à la consommation.	❐	❐
c) Les crédits à la consommation peuvent être utilisés pour acheter un bien immobilier (une maison).	❐	❐
d) Le bénéficiaire de ce type de crédit peut décider du montant minimal qu'il apporte à l'achat d'un bien.		
e) L'État fixe le taux de l'intérêt de ce crédit.	❐	❐

VI. La lettre de mise en demeure

BANQUE GÉNÉRALE

Paris, le 01 12 20..

Lettre recommandée avec AR

Monsieur,

Je viens vers vous une nouvelle fois à propos du fonctionnement de votre compte.

En effet, la lettre recommandée avec accusé de réception que je vous avais adressée le 01 11 20.., par laquelle je vous alertais sur le fonctionnement anormal de votre compte, est restée sans réponse de votre part.

Cette situation ne peut durer car elle est contraire aux dispositions des articles L311-1 et suivants du code de la Consommation. Par ailleurs, elle engendre pour vous des frais supplémentaires (l) qui aggravent le solde débiteur de votre compte.

C'est pourquoi, comme je vous l'avais annoncé, la facilité de caisse dont vous bénéficiiez a été résiliée. Cela conduira l'agence à refuser tout paiement – virement, chèque, prélèvement… – pour lequel la provision ne serait pas disponible sur le compte.

Par ailleurs, la présente lettre vaut mise en demeure de ramener le solde de votre compte en position créditrice sous quinzaine. L'absence de régularisation pourrait conduire la banque à clôturer votre compte et à engager une procédure de recouvrement judiciaire.

Il n'est pas trop tard pour réagir et trouver une solution répondant à vos besoins. J'attends donc votre appel de toute urgence au 01 42 48 56 41.

Je vous prie de croire, Monsieur, à l'expression de mes sentiments distingués.

STÉPHANE BOUCHOUIT
Directeur d'Agence

(I) Tout incident de fonctionnement de compte nécessitant un traitement particulier fait l'objet de la facturation spécifique prévue dans la brochure « Conditions appliquées aux opérations bancaires des particuliers », mise à la disposition de la clientèle dans les Agences.

BANQUE GÉNÉRALE. S.A. AU CAPITAL DE 525 056 596,25 EUR. SIÈGE SOCIAL À PARIS, 210. Bd St Germain, SS1 110111 R.C.S. PARIS

93 **Répondez aux questions après avoir lu la lettre :**

a) Qui écrit la lettre ? ....

b) À qui ? ....

c) À quelle date ? ....

d) Quel est le motif principal de la lettre ? ....
....

e) Quelles sont les mesures prises par la banque ?
....
....

f) Quelles sont les mesures que la banque prendra si le destinataire de la lettre ne fait rien ?
....
....

94 **Dites si ces affirmations sont vraies ou fausses :**

	Vrai	Faux
a) M. Bayer a répondu à la précédente lettre.	❑	❑
b) La banque a mis fin à la facilité de caisse.	❑	❑
c) La banque continue de payer les chèques de M. Bayer.	❑	❑
d) Si M. Bayer ne revient pas à compte créditeur dans les quinze jours, la banque prendra des mesures définitives.	❑	❑
e) M. Bayer risque d'avoir à faire à la justice.	❑	❑
f) La banque s'accorde le droit de fermer le compte de M. Bayer si celui-ci ne fait rien.	❑	❑

VII. L'interdiction bancaire

Si le client dépasse son autorisation de découvert ou émet des chèques sans provision, ses chèques seront rejetés. Chaque rejet de chèque est accompagné d'une amende (de la valeur du chèque) à régler avec un timbre fiscal. Si, au bout d'un mois, le client n'a pas payé son amende, il est alors interdit bancaire pour 10 ans. Dès que le client règle son amende ou ses amendes, l'interdiction bancaire est levée.

95 **Dites si ces affirmations sont vraies ou fausses :**

	Vrai	Faux
a) Le client à découvert peut émettre des chèques.	❑	❑
b) Un chèque rejeté est accompagné de frais à payer.	❑	❑
c) Pour éviter d'être interdit bancaire il faut juste payer le montant du chèque.	❑	❑
d) Le temps de l'interdiction bancaire dépend du banquier.	❑	❑

e) Pour ne plus être fiché à la Banque de France, il suffit
de rembourser le montant du chèque et de payer une somme
égale à celle du chèque avec un timbre fiscal. ☐ ☐

f) Le règlement des frais et du chèque un mois après l'interdiction
bancaire permet de lever immédiatement cette interdiction. ☐ ☐

2 Les différents types de crédits à la consommation

I. Le crédit renouvelable

96 **Complétez le texte avec les mots suivants :** *contrat – échéance – renouvelable – mensualités – intégralement – remboursements – intérêts – disposition – utilisez – dépasser – reconduction.*

Appelé également crédit permanent ou crédit revolving, ce crédit consiste
à mettre à votre **a)** .... sur un compte, une somme d'argent permanente
et **b)** .... Il est proposé par les banques, certains grands magasins,
chaînes d'hypermarchés ou établissements de vente par correspondance,
et par les organismes spécialisés dans le crédit à la consommation (sociétés
financières par exemple).

Dans la plupart des cas, il vous est remis une carte.

Vous **c)** .... la somme mise à votre disposition **d)** .... ou seulement
en partie, pour effectuer des achats de biens, en une ou plusieurs fois.

Vous ne devez pas **e)** .... le montant maximum autorisé.

La somme disponible est reconstituée au fur et à mesure des **f)** ....,
dans la limite du montant maximum autorisé.

La durée du **g)** .... de crédit est de un an et est reconductible chaque
année. Le montant du crédit est accordé en fonction de votre capacité
de remboursement. Trois mois avant l' **h)** .... annuelle, vous devez être
informé des conditions de **i)** .... du contrat et des modalités
de remboursement des sommes restant dues.

En général, vous remboursez par **j)** ....

Attention, et en particulier si vous utilisez ces crédits plusieurs fois, les **k)** ....
peuvent atteindre une somme importante.

97 Choisissez la ou les bonnes réponses.

1. *Le crédit revolving permet :*
   a) d'avoir une somme d'argent sur son compte. ☐
   b) de faire des achats grâce à une carte qu'un organisme financier
   met à disposition du bénéficiaire. ☐
   c) de bénéficier de facilités de paiement auprès des commerçants. ☐

2. *Le montant qui est mis à la disposition du client :*
   a) peut changer suivant les achats que veut effectuer ce dernier. ☐
   b) dépend de la capacité qu'a le client de rembourser son crédit. ☐
   c) peut changer chaque année. ☐

3. *Avec ce type de crédit, il est possible d'acheter :*
   a) une voiture. ☐
   b) un lave-linge. ☐
   c) un appartement. ☐

INFO

Le crédit revolving est intéressant car si vous n'utilisez pas la somme mise
à votre disposition, vous ne payez rien.
Vous payez des intérêts seulement quand vous utilisez le crédit et sur les
sommes utilisées.
Le montant maximum mis à votre disposition est de 21 500 euros.

II. La location avec option d'achat (LOA)

98 Complétez le texte avec les mots suivants : *pénalité – achat – application – propriétaires – indemnité – prêt – promesse – total – vente – locataire – résilié – préalable – remboursement – restitution – appartiendra – report.*

Appelé aussi location avec **a)** .... de vente, ou bail avec option
d' **b)** ...., ou crédit bail, ou « leasing ».
Elle est surtout utilisée pour la **c)** .... de véhicules, et parfois pour d'autres
biens (informatique notamment).
Pendant toute la période d' **d)** .... du contrat, vous n'êtes que **e)** ....
du bien, même si avez les charges des **f)** ....
Une offre **g)** .... doit vous être remise et doit comporter les mentions
obligatoires de tout **h)** .... à la consommation.
Vous pouvez effectuer le **i)** .... anticipé, sans indemnité, partiel
ou **j)** .... de votre crédit, si votre contrat de location-vente prévoit que
le bien vous **k)** .... finalement.
Si le bien est détruit : Le contrat doit être **l)** .... par anticipation
et une **m)** .... vous sera appliquée.

Si vous ne pouvez plus payer le loyer, vous pouvez demander un **n)** .... d'échéance à l'organisme de crédit.

S'il est accepté, l'organisme de crédit peut vous demander une **o)** .... égale à 4 % des sommes reportées.

S'il est refusé, il peut demander la **p)** .... du bien, le paiement des loyers échus et non réglés, et une indemnité de résiliation (8 % du montant du capital restant dû).

99 **Choisissez la ou les bonnes réponses.**

1. *Ce type de crédit est utilisé pour :*
  a) payer un bien immédiatement. ☐
  b) être locataire du bien avant d'en devenir propriétaire. ☐
  c) payer un bien en plusieurs fois. ☐

2. *Ce type de crédit permet d'acheter :*
  a) une télévision. ☐
  b) un ordinateur. ☐
  c) une automobile. ☐

3. *En achetant un bien avec ce type de crédit :*
  a) vous n'êtes pas responsable de ce qui peut arriver au bien
    pendant la période où vous êtes locataire. ☐
  b) vous pouvez l'utiliser dès le moment où vous signez le contrat. ☐

4. *Si le bien disparaît :*
  a) le locataire propriétaire perd seulement le bien. ☐
  b) le locataire propriétaire doit rembourser le bien. ☐
  c) le locataire propriétaire doit verser une indemnité à son organisme
    de crédit. ☐

III. Les prêts personnels

100 **Complétez le texte avec les mots suivants :** *prêtées – constantes – rembourser – accordés – remboursement – défectueux – remboursable – affectées – négocié.*

Ces prêts sont **a)** .... par les établissements de crédit, dont les banques.

Vous utilisez les sommes **b)** .... comme vous le souhaitez, et elles ne sont pas **c)** .... à un usage particulier.

Le montant, le taux, les conditions de **d)** .... sont fixés lors de la conclusion du contrat.

Le prêt personnel est **e)** .... sur une durée prévue à l'avance, par mensualités **f)** ....

Ce prêt peut être plus facilement **g)** .... que le prêt affecté (taux, frais de dossiers et assurances).

Inconvénients : ce prêt n'étant pas lié à un achat précis, si le bien s'avère
h) .... ou par exemple n'est pas livré, vous devez continuer à le
i) ....

101 **Dites si ces affirmations sont vraies ou fausses :**

	Vrai	Faux
a) Avec ce type de prêt le bénéficiaire peut acheter le bien qu'il souhaite.	❏	❏
b) Le prix du crédit est discuté lors de la signature du contrat.	❏	❏
c) Le bénéficiaire peut décider d'augmenter le montant de ses mensualités s'il a une rentrée d'argent exceptionnelle.	❏	❏
d) Le bénéficiaire peut négocier les frais de dossier et d'assurance du crédit.	❏	❏
e) Si le bien acheté est perdu lors du transport, le bénéficiaire n'a pas à payer le remboursement du prêt.	❏	❏

6. Compte créditeur

BANQUE GÉNÉRALE

Paris, le 10 03 20..

Monsieur,

Vous faites partie de nos fidèles clients Banque Générale et je tiens à vous en remercier.

Depuis l'ouverture de votre compte, votre situation professionnelle, financière ou personnelle a probablement évolué. Vous avez sans doute des projets que nous pouvons vous aider à réaliser ou simplement des interrogations auxquelles nous savons répondre.

C'est pourquoi je vous propose aujourd'hui de rencontrer NATHALIE RUBY, votre interlocutrice privilégiée. Elle répondra à vos questions et vous pourrez effectuer ensemble un point sur vos nouveaux besoins.

Alors, téléphonez dès maintenant au 01 42 48 56 43 pour convenir d'un rendez-vous.

Dans l'attente de votre prochaine visite dans notre agence, je vous prie de recevoir, Monsieur, mes salutations distinguées.

STÉPHANE BOUCHOUIT
Directeur d'Agence

BANQUE GÉNÉRALE. S.A. AU CAPITAL DE 525 056 596,25 EUR. SIÈGE SOCIAL À PARIS, 210. Bd St Germain, SS1 110111 R.C.S. PARIS

102 Répondez aux questions après avoir lu la lettre :

a) Qui écrit la lettre ? ....

b) À qui ? ....

c) À quelle date ? ....

d) Quel est le motif principal de la lettre ? ....

....

1 Les placements bancaires

BANQUE GÉNÉRALE

Faites fructifier votre argent, même sur de courtes périodes…

Monsieur,

Vous êtes fidèle à la Banque Générale et je tiens à vous en remercier.

Je me permets de vous écrire au sujet de votre compte qui vient d'enregistrer une opération créditrice d'un montant élevé. Je me tiens à votre disposition pour évoquer avec vous les possibilités de placement les mieux adaptées à vos besoins, y compris sur de très courtes durées si vous avez prévu de réemployer cette somme très rapidement.

Je vous contacterai dans les tous prochains jours afin de convenir d'un rendez-vous. Si vous le souhaitez, vous pouvez bien sûr m'appeler dès maintenant au 01 42 48 56 43 pour profiter au plus vite des formules qui vous permettront de faire fructifier votre argent.

Veuillez agréer, Monsieur, mes sincères salutations.

NATHALIE RUBY
Conseillère de Clientèle

BANQUE GÉNÉRALE. S.A. AU CAPITAL DE 525 056 596,25 EUR. SIÈGE SOCIAL À PARIS, 210. Bd St Germain, SS1 110111 R.C.S. PARIS

103 Dites si ces affirmations sont vraies ou fausses :

	Vrai	Faux
a) Le compte de M. Bayer est créditeur.	❏	❏
b) M. Bayer vient de dépenser une grosse somme d'argent.	❏	❏
c) La conseillère de M. Bayer lui propose de prendre un rendez-vous.	❏	❏
d) M. Bayer peut appeler immédiatement sa conseillère.	❏	❏
e) Mme Ruby veut lui proposer différents placements.	❏	❏

Tous les placements ne sont pas mentionnés par manque de place mais les principaux sont décrits. Les chiffres sont ceux de juillet 2004.

I. Les placements à vue ou à court terme

104 **Remettez le dialogue dans l'ordre.**

a) *Mme Ruby :* Je vous propose divers placements à court terme qui vous permettront de faire fructifier votre argent.

b) *Mme Ruby :* De plus vous avez le temps pour vous décider, rien ne presse.

c) *Mme Ruby :* Bonjour Monsieur Bayer, asseyez-vous, je vous prie.

d) *M. Bayer :* Mais comment choisir ?

e) *M. Bayer :* C'est une bonne idée.

f) *M. Bayer :* Bonjour Mme Ruby, merci.

g) *Mme Ruby :* Je vais vous proposer les différents placements, vous les expliquer et vous déciderez.

1.	2.	3.	4.	5.	6.	7.

	compte sur livret (CL)	Livret A Caisse d'épargne (CE)	Codevi	Compte épargne logement (CEL)
Versement initial	15 euros	1 euro	Pas de minimum	300 euros
Versements et retraits	15 euros	1 euro	Pas de minimum	75 euros
Solde minimum	15 euros	1 euro	aucun	300 euros
Plafond	illimité	15 300 euros	4 600 euros	15 300 euros (intérêts non compris)
Taux	libre	libre	2,25 % net d'impôts	1,5 % net d'impôts
Décompte des intérêts	Par quinzaine	Par quinzaine	Par quinzaine	Par quinzaine
Capitalisation des intérêts	Annuelle	Annuelle	Annuelle	Annuelle
Régime fiscal	IR + Prélèvements sociaux 10 %	Pas d'impôts Pas de prélèvements sociaux	Pas d'impôts Pas de prélèvements sociaux	Prélèvements sociaux 10 %

INFO

Pour pouvoir ouvrir ce genre de compte, il faut être résident en France, c'est-à-dire payer ses impôts en France.

▶ Avec ces placements il est possible de retirer les fonds à tout moment et sans préavis, le placement n'est pas limité dans la durée.

▶ Les intérêts sont calculés par quinzaine, il est donc plus intéressant de verser le dernier jour de la quinzaine et de retirer le 1er jour de la quinzaine.

▶ Ces placements ont toutefois le désavantage d'avoir une faible rentabilité.

▶ Le **Livret A** est proposé par les Caisses d'épargne. Est donné à l'épargnant un petit cahier (un livret) sur lequel sont inscrits les retraits et les versements effectués.

▶ Le **compte épargne logement** permet après 18 mois d'obtenir un prêt d'un maximum de 23 000 euros sur une durée de 2 à 15 ans pour l'achat, la rénovation… de sa résidence principale ou secondaire.

105 Dites quel(s) compte(s) correspond(ent) aux demandes de M. Bayer :

	CL	CE	Codevi	CEL
a) Son versement initial peut être supérieur à 30 euros mais inférieur à 45.	❐	❐	❐	❐
b) Il peut épargner jusqu'à 30 euros par mois.	❐	❐	❐	❐
c) Il veut pouvoir retirer la somme qu'il veut sans minimum.	❐	❐	❐	❐
d) Il ne veut pas payer d'impôts ni de prélèvements.	❐	❐	❐	❐
e) Il ne veut pas faire un placement en banque.	❐	❐	❐	❐
f) Il veut bénéficier d'un prêt assez rapidement.	❐	❐	❐	❐

II. Les placements à moyen terme

106 Consultez le tableau (p. 76) et dites si ces affirmations sont vraies ou fausses :

	Vrai	Faux
a) L'épargnant peut ouvrir un plan d'épargne populaire avec 100 euros de versement initial.	❐	❐
b) L'épargnant peut ouvrir un plan d'épargne logement avec 100 euros de versement initial.	❐	❐
c) Le titulaire d'un compte à terme peut verser la somme qu'il souhaite chaque fois qu'il en a envie.	❐	❐

	Compte à terme	Plan d'épargne populaire	Plan d'épargne logement
Versement initial minimum	1 000 euros	Pas de minimum	225 euros
Versements suivants	Libre	Libre	Minimum 540 euros par an
Montant maximum	Pas de maximum	92 000 euros	61 200 euros en capital
Durée	1 mois minimum	8 ans minimum	De 4 ans minimum à 10 ans
Taux de rémunération	Libre	Libre	2,5 % + 1 % prime d'État
Montant de la prime	Pas de prime	Pas de prime	1 525 euros maximum
Régime fiscal	IR + prélèv. sociaux	IR + prélèv. sociaux	Prélèvements sociaux 10 %
Obtention du prêt			Durée 3 ans minimum
Prêt maximum de			92 000 euros
Objet du prêt			Opérations immobilières

107 **Dites quel(s) compte(s) correspond(ent) aux demandes de M. Bayer :**

	C à terme	PEP	PEL
a) M. Bayer peut verser 500 euros à l'ouverture du compte.	❏	❏	❏
b) M. Bayer peut consacrer 45 euros par mois pour approvisionner le compte.	❏	❏	❏
c) M. Bayer peut immobiliser son argent pendant 5 ans.	❏	❏	❏
d) M. Bayer veut obtenir un crédit grâce à ce placement.	❏	❏	❏
e) M. Bayer ne voit pas d'inconvénient à payer des impôts.	❏	❏	❏

INFO

Ces placements sont plus rentables que les précédents mais ils obligent à immobiliser de l'argent pour une période allant de 1 mois à 8 ans ou plus. Le plan d'épargne logement est le seul de ces placements permettant l'obtention d'un crédit.

III. Les placements à long terme

L'ASSURANCE-VIE

▶ Appelée aussi placement à long terme, l'assurance-vie est un contrat entre l'assuré et l'assureur (banque en général). Le bénéficiaire de l'assuré obtient un capital déterminé lors de la mort de ce dernier ou bien l'assuré touche le capital à une date déterminée s'il est toujours en vie.

▶ L'assurance-vie permet d'être exonéré d'impôts sur les plus-values ainsi que sur le revenu. Pour bénéficier de ces avantages, sans en perdre, il faut s'engager pour une durée minimum de 8 ans.

LES SOCIÉTÉS CIVILES DE PLACEMENT IMMOBILIER (SCPI)

▶ Les SCPI collectent des fonds pour créer et gérer un patrimoine immobilier locatif.
Contre les sommes collectées, sont émises des parts représentatives des apports qui donnent droit à des loyers. Chaque porteur est une sorte de propriétaire d'une partie d'immeuble (habitations, bureaux, entrepôts…)

▶ Cette formule permet d'investir moins que si l'on investit seul dans l'immobilier ; la gestion des immeubles est prise en charge par des professionnels.
Ce type de placement est un réel placement à long terme comme lorsqu'on investit seul dans l'immobilier. Les bénéfices lors de la revente des parts dépendent du marché immobilier.

108 **Retrouvez les définitions ou synonymes correspondant aux mots ou expressions suivants :**

a) un bénéficiaire	**1.** Ensemble de biens mobiliers ou immobiliers qu'une personne possède.
b) un porteur	**2.** Somme d'argent servant à financer quelque chose.
c) un capital	**3.** Ne pas avoir à
d) être exonéré de	**4.** Celui qui réalise un avantage.
e) une plus-value	**5.** Somme d'argent placée pour rapporter de l'argent.
f) collecter	**6.** Une partie de
g) des fonds	**7.** Réunir
h) un patrimoine	**8.** Somme d'argent perçue après la revente de ses parts.
i) une part	**9.** Celui qui détient une partie d'une société.

1.	2.	3.	4.	5.	6.	7.

109 Dites si ces affirmations sont vraies ou fausses :

	Vrai	Faux
a) L'assurance-vie peut bénéficier à une autre personne désignée par l'assuré au moment de la signature du contrat.	❏	❏
b) À la fin de l'assurance-vie, on paye des impôts sur les sommes perçues.	❏	❏
c) La durée minimum d'une assurance-vie est de 8 ans.	❏	❏
d) La SCPI permet d'acheter un appartement pour y vivre.	❏	❏
e) Il n'y a pas de durée imposée dans la SCPI.	❏	❏
f) Dans la SCPI, il est possible de revendre ses parts à perte.	❏	❏

Les taux sont ceux de juillet 2004. L'État les change tous les six mois.

2) Les placements financiers

I. Les actions et les obligations

LES ACTIONS sont le capital d'une société. L'actionnaire reçoit un dividende variable qui est fonction du/des résultats de l'entreprise. L'actionnaire peut céder ses titres à la bourse si la société est cotée en bourse. Ce genre de placement est risqué, aucune garantie ne l'accompagne.

LES OBLIGATIONS sont des titres d'emprunts car émises par des collectivités publiques. Les détenteurs de ces titres ont droit à un intérêt qui peut être fixe. L'intérêt est payable à date fixe tous les ans.

110 Dites quel placement correspond à ce que M. Bayer souhaite :

	Action	Obligation
a) Il aime le risque.	❏	❏
b) Il ne veut pas perdre d'argent.	❏	❏
c) Il ne veut s'occuper de rien.	❏	❏
d) Il veut pouvoir gagner beaucoup d'argent.	❏	❏
e) Il préfère placer son argent dans le public.	❏	❏

II. Le Plan d'épargne en action

M. Bayer : Pouvez-vous me donnez des informations sur le Plan d'épargne en action ?

Mme Ruby : Oui, Le PEA est constitué d'un compte de titres et d'un compte en espèces. Les versements sont investis dans certaines actions.

M. Bayer : Puis-je disposer de mon argent ?

Mme Ruby : Non, vous pouvez décider de vendre vos titres quand vous voulez mais vous êtes obligé de réinvestir les sommes perçues en action, vous ne pouvez pas retirer d'espèces.

M. Bayer : Que me conseillez-vous ?

Mme Ruby : Je pense que c'est un bon moyen d'épargner et facile à gérer. En effet, vous décidez vous-même de la somme que vous voulez épargner chaque mois ou chaque trimestre mais au minimum 45 euros. Vous pouvez changer le montant et la périodicité des versements.

M. Bayer : Et combien de temps dois-je bloquer mon argent ?

Mme Ruby : Le mieux, et surtout pour ne rien perdre, est de conserver les fonds pendant 8 ans au moins, sinon 5 ans au minimum.

111 **Répondez aux questions :**

a) De quoi est constitué le PEA ?

....

b) Est-il possible de choisir le type d'actions dans lesquelles on veut investir ?

....

c) Est-il possible d'effectuer des retraits ?..

d) Quels sont les avantages d'un PEA ?

....

e) Peut-on retirer ses fonds avant 8 années ? ....

f) Quelle est la conséquence ? ....

III. Les assurances

▶ En France, quand on achète une voiture, une moto, une maison, quand on loue un appartement, il est obligatoire d'assurer ses biens.

▶ Les banques proposent différents types d'assurances :
– Assurances pour véhicules : voiture, moto, caravane, remorque…
– Assurances logement ou habitation, que l'on soit propriétaire ou locataire, pour la maison seulement ou avec les objets à l'intérieur (TV, Hi-fi, ordinateur, bijoux, meubles…).
– Assurances sur les personnes couvrant les accidents de la vie privée.

▶ Ces différentes assurances sont soumises à des critères particuliers définis par les banques elles-mêmes.

112 Dites si ces affirmations sont vraies ou fausses :

	Vrai	Faux
a) Je suis obligé(e) d'assurer mon appartement.	☐	☐
b) J'achète une voiture d'occasion, je n'ai pas besoin d'assurance.	☐	☐
c) Les banques ne proposent pas d'assurance sur les biens.	☐	☐
d) J'ai une assurance sur ma personne, je tombe dans l'escalier, je serai indemnisé(e).	☐	☐
e) Si j'ai un accident de travail, c'est l'assurance souscrite par le travail qui m'indemnisera.	☐	☐
f) J'ai 80 ans, je peux prendre n'importe quelle assurance.	☐	☐

113 Dans votre pays, les banques proposent-elles des assurances ? Si oui, de quel type ?

IV. Les prêts immobiliers

INFO

Pour obtenir un prêt immobilier, il faut prendre un rendez-vous avec un conseiller clientèle afin de définir avec lui combien il est possible d'emprunter, à quel taux, le montant des remboursements mensuels et la durée du prêt.
Cela dépend des revenus du client, de ses charges et de sa situation financière, du montant de son apport et des garanties qu'il peut apporter.

7. Clôture de compte

BANQUE GÉNÉRALE

Monsieur,

Soucieux d'améliorer la qualité des prestations que nous offrons à nos clients, mon équipe et moi-même avons remarqué que vous nous confiez moins d'opérations sur votre compte courant et nous nous interrogeons :

- Peut-être n'avons-nous pas su répondre, à un moment précis, à vos attentes ?
- Peut-être n'avez-vous pas reçu toute l'information nécessaire que vous attendiez pour gérer efficacement votre compte ?
- Peut-être tout simplement avez-vous mis en « sommeil » ce compte et pensez-vous l'utiliser ultérieurement ?

Toutes ces questions, nous nous les sommes posées et nous avons à cœur de connaître vos souhaits pour mieux vous servir.

C'est pourquoi je vous propose un rendez-vous avec l'un de mes collaborateurs ou moi-même. Nous pourrons faire ensemble le point sur vos besoins, vos projets… mais également sur tous ces détails qui règlent votre vie bancaire au quotidien : relevés de compte, modèle de chéquier, carte bancaire.

Nous nous permettrons de vous téléphoner dans quelques jours pour vous proposer un rendez-vous à votre convenance et vous pouvez bien sûr, si vous le souhaitez, nous contacter au 01 42 48 56 43.

Je tiens à vous assurer de notre volonté d'être pleinement à votre écoute et, dans l'attente de notre prochain contact, vous prie d'agréer, Monsieur, mes salutations distinguées.

PAULE GALLINET
Responsable des Relations Clients

BANQUE GÉNÉRALE. S.A. AU CAPITAL DE 525 056 596,25 EUR. SIÈGE SOCIAL À PARIS, 210. Bd St Germain, SS1 110111 R.C.S. PARIS

114 **Répondez aux questions :**

a) Qui a écrit cette lettre ?

....

b) Quelle est la raison principale de cette lettre ?

....

c) Quelle est la proposition de la banque ?

....

....

▶ Un client peut demander à clôturer son compte soit en appelant, soit en écrivant à son banquier.

▶ Il faudra 30 jours (plus ou moins suivant les banques) pour que le compte soit effectivement fermé.

▶ Le client doit s'assurer que son compte est à 0 et qu'aucun chèque ne doit être présenté au paiement après la clôture du compte.

▶ Si le compte est créditeur au moment de sa clôture, la banque remet un chèque de banque au titulaire du compte.

115 Imaginez le dialogue entre le client voulant fermer son compte et le banquier essayant de conserver son client, imaginez les raisons du client.

....

....

....

....

116 Écrivez la lettre de demande de clôture de compte que Monsieur Bayer envoie à Madame Ruby.

Madame,

....

....

....

....

....

....

....

Frank Bayer

▶ Le banquier peut décider de fermer un compte s'il le souhaite mais devra respecter la même procédure que si le client demande la clôture du compte. Par lettre avec accusé de réception.

▶ En cas de problèmes avec le client, la banque peut procéder à la fermeture immédiate du compte.

Lexique de la Banque et de la Finance

A

Abattement
Réduction de la base d'imposition.

Action
Titre représentant la propriété d'une fraction (partie) du capital d'une société, le plus souvent négociable en Bourse.

Actionnaire
Détenteur d'une action. L'actionnaire est copropriétaire de l'entreprise, ce qui lui donne généralement les droits et devoirs d'un associé.

Agios
Intérêts dus à la banque lorsque le solde de votre compte est débiteur.

Amortissement
Remboursement, en totalité ou par tranches successives, d'un capital emprunté, à des échéances fixées à l'avance.

Annuité
Pour un prêt : somme constante versée chaque année en paiement des intérêts d'une dette et d'une partie de son amortissement. L'annuité demeurant invariable (sauf modification du taux d'intérêt), la part des intérêts à payer diminue et la part de l'amortissement augmente.

Assurance vie
Quand le contrat arrive à terme : si l'adhérent assuré est en vie : versement d'un capital à celui-ci ou en cas de décès de l'adhérent assuré : versement d'un capital au(x) bénéficiaire(s) désigné(s).

Assuré
Personne physique sur la tête de qui repose le risque (décès, survie, maladie…).

Autorisation de découvert
Facilité de caisse d'un montant plus important et d'une durée plus longue. La durée d'un découvert ne doit pas dépasser 90 jours consécutifs : au-delà, il est nécessaire d'établir une offre de prêt.

Avenant
Document écrit qui modifie certaines conditions du contrat. L'avenant doit être conservé avec le contrat car il fait partie intégrante du contrat.

Ayant droit
Personne qui a des droits sur quelque chose. Dans une succession, ce terme désigne un héritier.

B

Bénéficiaire
Toute personne de votre choix (conjoint, enfant, parent, ami…) que vous aurez désignée pour bénéficier des avantages d'un contrat (notamment dans le cadre de l'assurance vie).

Bien personnel
Élément d'actif dont les titres sont établis au nom d'une personne plutôt qu'au nom d'une autre personne morale.

Biens meubles
Biens autres qu'immeubles.

Billet à ordre
Écrit par lequel le souscripteur s'engage à payer une somme précisée, à vue ou à une date convenue, avec ou sans intérêt.

Bourse
Marché public organisé où les organismes qui émettent des titres (entreprises, administrations, État…) peuvent se procurer des fonds, et où les investisseurs (particuliers, institutionnels, entreprises…) peuvent acheter ou vendre ces titres.

C

Capacité d'endettement
Évaluation de la capacité et de la volonté de rembourser un emprunt à partir des mouvements de caisse prévus ou d'autres sources.

Capital
Tout élément d'actif ou ensemble d'actif, financier ou physique, capable de produire des revenus.

Capitalisation
Mécanisme financier consistant à ajouter les intérêts au capital afin de les faire eux-mêmes fructifier. Les intérêts du capital placé ne sont pas distribués au bénéficiaire mais ajoutés à ce capital, venant l'augmenter d'autant. Le nouveau capital ainsi constitué produit alors des intérêts au même taux que le capital initial.
S'oppose à distribution.

Caution

Engagement donné par une personne ou un organisme, à l'égard de la banque, de s'acquitter d'un emprunt si le client emprunteur n'y satisfait pas lui-même.

Chèque de banque

Chèque émis par la banque et tiré sur ses propres agences ou sur ses correspondants. Souvent utilisé entre particuliers, il garantit la transaction pour le vendeur.

Compte à vue

Voir compte courant

Compte chèques

Voir compte courant

Compte courant

Également appelé « compte à vue » ou « compte-chèques », c'est le compte qui enregistre les opérations du client, tant au niveau des paiements que des encaissements. C'est à ce compte que sont notamment rattachés les moyens de paiement.

Compte joint

Compte courant ouvert au nom de deux (ou plusieurs) personnes qui ont chacune le droit de disposer seule de l'avoir du compte. Dans le cas d'un compte joint entre époux, le compte n'est pas bloqué en cas de décès d'un des co-titulaires.

Contrat

Engagement mutuel dont les conditions sont consignées dans un document. La signature des parties en présence signifie qu'il y a accord sur les termes du contrat.

Créance

Droit à une prestation en nature ou en espèces.

Créancier

Celui qui détient un droit de créance.
S'oppose à débiteur.

Crédit affecté

Crédit par lequel le contrat de prêt définit précisément l'objet financé. Le déblocage des fonds est étroitement lié à la réalisation de l'opération envisagée.
S'oppose à crédit non affecté.

Crédit d'impôt

Avantage fiscal obtenu dans certains cas et venant en déduction de l'Impôt sur le Revenu. En cas d'imposition insuffisante, l'excédent de crédit d'impôt est reversé au contribuable.

Crédit non affecté

Crédit dont le montant n'a pas d'usage prédéfini contractuellement : les fonds peuvent être employés à votre convenance.
S'oppose à crédit affecté.

Crédit permanent

Prêt à la consommation, souvent lié à une carte de paiement, qui permet de disposer à tout moment d'une réserve d'argent remboursable au fil de son utilisation et qui se reconstitue en fonction des remboursements effectués.

D

Date d'effet

Date d'entrée en vigueur d'un contrat, d'un avenant ou d'une garantie pouvant correspondre à la date du paiement de la première cotisation ou du premier versement.

Date de valeur

Date à laquelle prend effet l'inscription au compte d'une opération de crédit ou de débit. Les opérations de débit prennent effet un ou plusieurs jours avant leur enregistrement ; les opérations de crédit, un ou plusieurs jours après.

Débiteur

Celui qui est tenu au remboursement d'une dette.
S'oppose à créancier.
Un compte débiteur présente un solde négatif.
S'oppose à créditeur.

Différé (= différé d'amortissement = franchise partielle)

Terme souvent utilisé dans le cadre d'un emprunt. Le différé représente la période durant laquelle vous ne remboursez que les intérêts et l'assurance correspondant au capital emprunté.

Dividende

Revenu d'une action représentant la part des bénéfices distribuée à ses actionnaires par une société.

Domiciliation

Indication des références bancaires d'une personne devant payer ou recevoir des fonds sur son compte.

Donataire

Bénéficiaire d'une donation.

Donateur

Auteur d'une donation.

Donation

Acte juridique par lequel un donateur se dépouille immédiatement et irrévocablement de la chose donnée au profit du donataire qui l'accepte.

E

Échéance

Date à laquelle un engagement doit être exécuté ou date qui marque la fin d'un contrat.

Endosser

Apposer la signature du bénéficiaire au dos d'un titre de créance (par exemple, un chèque) pour en transférer la propriété. L'endossement d'un chèque n'est possible qu'au profit d'un établissement bancaire pour encaissement.

Expatrié

Personne de nationalité française vivant à l'étranger et qui, de par sa domiciliation à l'étranger, devient non résident fiscal français.

F

Facilité de caisse

Découvert accordé au client, utilisable jusqu'à 15 jours par mois. Des agios sont facturés pour l'utilisation de cette facilité.

FCP (Fonds Commun de Placement)

Portefeuille de valeurs mobilières en copropriété, géré par une société de gestion pour le compte des porteurs de parts.

Fiduciaire

Désigne la monnaie utilisée sous forme de pièces et billets (espèces). S'oppose à la monnaie scripturale (chèques, virements…).

Fond de portefeuille

Un OPCVM de fond de portefeuille est un OPCVM de base qui peut éventuellement figurer seul dans un portefeuille. Par la composition de ses actifs, il présente une moindre sensibilité aux à-coups conjoncturels.

Frais de courtage

Rémunération d'un intermédiaire (prestataire de service, courtier…) perçue à l'occasion de transactions effectuées pour le compte de ses clients.

Frais de gestion

Frais destinés à rémunérer le gestionnaire d'un OPCVM. Ils représentent un certain pourcentage de l'actif brut. Ils sont « indolores » car imputés sur le compte de résultat de l'OPCVM ; en conséquence, les calculs de performance les intègrent déjà.

Franchise

– En assurance, somme forfaitaire restant à la charge de l'assuré en cas de sinistre.
– Concernant un prêt, suspension contractuelle, pendant une période donnée, du remboursement en principal ou du paiement des intérêts :
– dans le cas d'une franchise partielle (voir différé), le client ne paie que les intérêts et l'assurance ;
– dans le cas d'une franchise totale, le client ne rembourse ni capital, ni intérêts.

H

Hypothèque

Garantie consentie par un débiteur à son créancier sur un bien immobilier pour couvrir sa dette sans que le propriétaire du bien immobilier en soit dépossédé.

I

Indice

Chiffre une évolution en prenant pour référence une valeur définie (on prend généralement le niveau 100).

Intérêts

– En phase d'épargne : rémunération des sommes placées.
– En phase d'emprunt : coût des sommes empruntées.

L

L.O.A. (Location avec Option d'Achat)

Prêt à la consommation surtout utilisé pour le financement de véhicules. Vous devenez locataire du bien financé pendant toute la durée du contrat. À l'issue de ce dernier, vous avez la possibilité d'acheter le bien à un prix déterminé en début de contrat.

M

Moyens de paiement

Tout ce qui permet de régler ses dépenses : argent liquide, carte bancaire, chéquier, prélèvement…

N

Nantissement

Contrat par lequel un débiteur remet une chose (titres le plus souvent) à son créancier en garantie d'une dette.

Non-résident

Personne dont le foyer, ou le lieu de séjour principal, ou le lieu d'exercice de l'activité professionnelle, ou le centre de ses intérêts économiques est situé en dehors du territoire français.

O

Obligation

Valeur mobilière représentative d'un droit de créance à moyen ou long terme émise par une entreprise, une collectivité ou l'État, le plus souvent négociable en Bourse et remboursable dans des conditions fixées dans le contrat d'émission.

OPCVM (Organisme de Placement Collectif en Valeurs Mobilières).

Terme recouvrant les SICAV et les FCP.

Opposition

Mesure permettant de protéger ses moyens de paiement en cas de perte ou de vol.

Ordre de bourse

Ordre donné par le client à son intermédiaire financier d'acheter ou de vendre des titres en Bourse.

P

Part

– Unité de division du revenu global d'un foyer, servant à calculer son quotient familial.
– Représentation d'une partie d'un portefeuille de FCP.

P.E.A. (Plan d'Épargne en Actions)

Cadre fiscal permettant à toute personne domiciliée en France d'investir et de gérer un portefeuille d'actions européennes et/ou certains OPCVM actions françaises en franchise d'Impôt sur le Revenu et sur les plus-values sous certaines conditions.

Plus-value mobilière

Gain réalisé lors d'une vente de parts ou d'actions. Pour un OPCVM, la plus-value se calcule de la façon suivante : (prix de rachat – droit de sortie, le cas échéant) – (prix de souscription + droit d'entrée). *S'oppose à moins-value mobilière.*

Portefeuille

Ensemble des titres appartenant à une personne ou à une entreprise.

Position

État, solde d'un compte.

Prélèvement automatique

Mode de règlement automatisé qui consiste à prélever sur le compte la somme nécessaire au règlement d'une facture ou quittance.

Prélèvements sociaux

Contribution au Remboursement de la Dette Sociale (C.R.D.S : 0,5 %) + Contribution Sociale Généralisée (C.S.G. : 7,5 %) + Prélèvement Social (2 %).

Prêt à la consommation

Prêt destiné au financement de projets divers tels que l'achat d'un véhicule, la réalisation de travaux, ou encore le financement des études. On distingue différentes formes de prêts à la consommation : les prêts personnels, les crédits permanents, la Location avec Option d'Achat (LOA).

Prêt immobilier

Prêt permettant de financer une opération immobilière.

Prêt personnel

Prêt à la consommation, non affecté contractuellement à un projet précis, qui permet d'user à votre convenance de la somme empruntée.

Prorogation

Prolongement de la durée d'un contrat pour une durée déterminée.

R

Relevé de compte

Récapitulatif des écritures passées sur un compte durant une période déterminée.

Rente

Somme que la banque verse périodiquement à un bénéficiaire dans le cadre d'un placement ou d'une assurance.

R.I.B. (Relevé d'Identité Bancaire)

Document permettant l'identification d'un compte. Il regroupe le code de la banque, le code de l'agence, le numéro de compte et la clé R.I.B. (clé de sécurité du compte), ainsi que les coordonnées du titulaire. Il permet au titulaire d'un compte de communiquer ses coordonnées bancaires à des tiers, pour faciliter la réalisation d'opérations : virements, prélèvements…

lexique de la banque et de la finance

S

Scripturale
Désigne la monnaie utilisée sous forme de jeux d'écriture (chèques, virements…).
S'oppose à la monnaie fiduciaire.

SICAV
Société d'Investissement à Capital Variable procédant pour le compte de ses actionnaires à l'acquisition et à la gestion d'un portefeuille de valeurs mobilières. Les actionnaires peuvent acheter ou vendre tous les jours de Bourse des actions de la SICAV, sur la base de la valeur réelle de l'actif qui détermine la valeur de l'action (valeur liquidative).

Solde
Montant qui apparaît sur un compte après l'inscription des opérations de débit et de crédit. Si le solde est positif, le compte est créditeur, s'il est négatif, le compte est débiteur.

T

Taux de change
Valeur d'échange d'une monnaie dans une autre.

Taux d'intérêt
Rémunération annuelle exprimée en pourcentage.

T.E.G. (Taux Effectif Global)
Taux annuel et/ou mensuel exprimé en pourcentage prenant en compte tous les éléments du coût d'un crédit : montant emprunté, durée, intérêts, assurances, frais de dossier…

Testateur
Auteur d'un testament.

T.I.P. (Titre Interbancaire de Paiement)
Document synthétisant vos coordonnées bancaires et donnant droit à l'organisme émetteur de prélever directement la somme nécessaire au règlement d'une facture ou d'une quittance.

Tiré
Entité recevant mandat de payer une somme déterminée. Il s'agit le plus souvent de la banque dont le client émet un chèque.

Tireur
Personne qui crée un chèque.

U

Usufruit
Droit réel principal permettant d'utiliser un bien et d'en percevoir les revenus, mais non d'en disposer.

Usufruitier
Titulaire d'un usufruit.

V

Valeur liquidative
Valeur obtenue en divisant l'actif net d'un OPCVM par le nombre de parts (FCP) ou d'actions (SICAV) en circulation.

Valeurs mobilières
Regroupent les actions, obligations, parts de FCP, actions de SICAV…

Versement programmé
Somme de votre choix versée automatiquement et à cadence régulière sur un produit d'épargne.

Virement
Opération consistant à créditer un compte par le débit d'un autre.

Virement permanent
Virement dont le renouvellement est automatique, à une date et selon une procédure convenues entre la banque, le client et le bénéficiaire.

CORRIGÉS

Chapitre 1   ## Ouvrir un compte

page 5

1 a) F – b) V – c) V – d) F – e) F – f) V – g) V.

2

verbe	nom	verbe	nom
a) renseigner	**Un renseignement**	d) informer	**Une information**
b) verser	un versement	e) prouver	**Une preuve**
c) ouvrir	**Une ouverture**	f) justifier	**Un justicatif**

3 a) avoir – b) vous – c) sujet/propos – d) doit-on – e) ouvrir – f) justificatif – g) identité – h) dois – i) prendre – j) conseiller.

page 6

4 Réponse libre.

page 7

5 a) V – b) V – c) F – d) V – e) F

6 (+) crédit/encaissement : **1. – 5. – 6. – 8.** (–) débit/paiement : **2. – 3. – 4. – 7.**

7 a) Déposer – b) Retirer – c) Retirer – d) Effectuer – e) Émettre.

page 8

8 a) à vue – b) ouvrir – c) plusieurs – d) joint – e) ouverture – f) certaines – g) compte – h) autres – i) au début – j) abonnement – k) deux – l) rémunèrent – m) chaque – n) somme.

9 Réponse libre.

page 10

10 Ce sont des collègues, ils se tutoient. Relation amicale.

11 Relation professionnelle, ils se disent vous.

12 a) V – b) V – c) F – d) V – e) F – f) V – g) F – h) V – i) V.

page 11

13

	TU	VOUS	👄	🤝
a) Une femme à sa meilleure amie	×		×	
b) Un collègue à un autre collègue	×	×		×
c) Un entretien professionnel		×		×
d) Un banquier et son client		×		×
e) Un père et son fils	×		×	
f) Un cousin et sa cousine	×		×	
g) Un homme et sa meilleure amie	×		×	
h) Des amis dans une soirée à l'amie d'un ami	×		×	
i) Déjeuner d'affaires entre clients et fournisseurs		×		×
j) Un directeur et sa secrétaire		×		×
k) Une collègue à une autre collègue	×	×	×	×
l) Un directeur d'agence et son responsable au siège		×		×

14 Réponse libre.

Chapitre 2 **Moyens de paiement**

page 13

15 1. portefeuille. – 2. classique. – 3. correspondance.

16 Vrai : 3 – 4 – 5 – 8 – 9. Faux : 1 – 2 – 6 – 7.

17 a) le chéquier – b) votre pièce d'identité – c) votre chéquier – d) le chéquier.

page 14

18 a) le chéquier – b) le chéquier – c) les factures – d) votre pièce d'identité.

19 a) falloir *(irrégulier)* – b) être *(irrégulier)* – c) arriver *(régulier)* – d) donner *(régulier)* –
e) h) pouvoir *(irrégulier)* – f) g) avoir *(irrégulier)* – i) vouloir *(irrégulier)* – j) montrer *(régulier)*

page 15

20 a) apporterez – b) aurez – c) appellerai, sera – d) prendrons – e) obtiendrai –
f) viendrez – g) signerez – h) pourrez – i) nous reverrons, viendrez.

page 16

21 Faux : 1 – 2 – 3 – 4.

22 Réponse libre.

page 17

23 a) 2 – b) 1 – c) 4 – d) 3.

page 18

24 Non : 1 – 2 – 3 – 4 – 5 – 6. Oui et non : 7.

page 19

25 180 € : Cent quatre-vingts euros – 500 € : Cinq cents euros – 1 250 € : Mille deux cent
cinquante euros – 693 € : Six cent quatre-vingt-treize euros – 15 762 € : Quinze mille sept
cent soixante-deux euros – 76,49 € : Soixante-seize euros et quarante-neuf cents –
46,75 € : Quarante-six euros et soixante-quinze cents – 2 569,25 € : Deux mille cinq cent
soixante-neuf euros et vingt-cinq cents.

26 1. Cent trente quatre euros – 134 € – à l'ordre de la Société National Électrique –
à Vannes, le 23 février 2005. – 2. Six cent vingt quatre euros et soixante treize cents –
624,73 € – à l'ordre des Bonnes Galeries – le 15 décembre 2004.

page 21

27 a) régler – b) la carte – c) le terminal – d) tape – e) payer – f) vérifie – g) le montant –
h) code – i) valide – j) reçu.

28 a) numéro de carte ; date d'expiration – b) bande magnétique – c) puce – d) nom
du titulaire – e) signature.

29 Vrai : 1 – 2 – 4. Faux : 3

30 a) cartes – b) retirer – c) DAB – d) renouvellement – e) agence – f) recommandé –
g) distributeurs – h) banque – i) achats – j) retrait – k) crédit.

page 22

31 Réponse libre.

page 23

32 Vrai : 4. Faux : 1 – 2 – 3 – 5 – 6 – 7 – 8.

33 1. CB, V, P – 2. CB, V, P, ch, e – 3. V, P, e – 4. CB, V, P, ch, e – 5. V, P, E-c –
6. CB, V, P, ch – 7. CB, V, P, ch, e – 8. ch, e – 9. e.

page 24

34 1. a) b) – 2. a) – 3. a) b) – 4. c) – 5. b) c) – 6. a) b) – 7. b) c).

page 25

35 Vrai : 1 – 2 – 6 – 7 – 8. Faux : 3 – 4 – 5.

36 1. facturer – 2. une filiale – 3. un chèque – 4. une facture – 5. un client – 6. faire du
change – 7. un montant.

37 1. Moneo ; espèces – 2. Moneo ; espèces – 3. espèces – 4. espèces ; chèque ;
Carte Bleue – 5. espèces ; chèque ; Carte Bleue – 6. Moneo ; espèces – 7. chèque ; Carte
Bleue – 8. espèces – 9. espèces – 10. Moneo ; espèces.

38 Réponse libre.

Chapitre 3   **Vie du compte**

page 27

39 Vrai : **b) c) d) e) f) g) i) m)**. Faux : **a) h) k) l)**.

40 **1.** Nom du titulaire du compte : Frank Bayer ; nombre de chèques : 3 ; date : 25 mai 20.. ; agence : Paris-Odéon ; Pintaud GBP : 250 € ; Caunet CN : 63,86 € ; montant total : 360,61 € ; Framblois BG : 46,75 € ; code banque : 20069 ; guichet : 04562 ; numéro de compte : 00045682147 ; clé RIB : 25. – **2.** Nom du titulaire du compte : Frank Bayer ; agence : Paris-Odéon ; 1 × 100, 4 × 50, 3 × 20, 1 × 2 et 2 × 1 = 364 € ; code banque : 20069 ; guichet : 04562 ; numéro de compte : 00045682147 ; clé RIB : 25.

page 28

41 **a)** 1 an et 8 jours – **b)** non – **c)** contacter l'émetteur du chèque ou représenter le chèque en fin de mois – **d)** à la fin du mois – **e)** car les salaires sont versés en général en fin de mois.

page 29

42 **a)** 4 – **b)** 3 – **c)** 1 – **d)** 2.

43 Réponse libre.

44 **a)** 5 – **b)** 6 – **c)** 7 – **d)** 4 – **e)** 2 – **f)** 1 – **g)** 3.

page 30

45 **a)** 3 – **b)** 8 – **c)** 1 – **d)** 5 – **e)** 2 – **f)** 6 – **g)** 4 – **h)** 7.

page 32

46 **a)** : TELLIB. – **b)** : Frank Bayer – **c)** : Blois – **d)** : 20 janvier 2004 – **e)** : Laure Delagis, Directrice de la Relation Clients – **f)** : TELLIB – Relations Clients – BP 35 962 – 41759 Blois Cedex – **g)** : 15 rue Pastre 75006 Paris.

47 **1.** b) – **2.** b) – **3.** c) – **4.** a) – **5.** b) – **6.** a) – **7.** a).

page 33

48 **a)** simple – **b)** souple – **c)** sûr – **d)** affranchi – **e)** une autorisation – **f)** signé – **g)** suspendu – **h)** un litige.

49 **a)** 5 – **b)** 2 – **c)** 6 – **d)** 1 – **e)** 4 – **f)** 3.

page 34

50 **a)** F. Bayer – **b)** TELLIB relations clients – **c)** le 25 juin 2005. – **d)** 15 rue Pastre 75006 Paris – **e)** Relations Clients BP 35 962 41 759 Blois Cedex – **f)** arrêter, suspendre, mettre fin à un PA – **g)** 24 juin 2004 – **h)** La somme des prélèvements est différente de celle indiquée sur la facture. – **i)** par chèque.

page 35

51 **a)** France Telecom – **b)** Frank Bayer – **c)** code Banque : 20069/code guichet 04562 – **d)** 00045682147 clé 25 – **e)** 69,45 euros – **f)** 15 décembre 2004.

52 Vrai : **c) d) h) k) l)**. Faux : **a) b) e) f) g) i) j)**.

page 36

53 Nom du donneur d'ordre : Frank Bayer ; somme : deux mille cinq cent soixante dix euros – 2 570 € ; nom du bénéficiaire : Alain Reaunoud ; code banque : 04643 ; numéro de compte : 00058764814 ; clé RIB : 21.

54 **a)** F. Bayer doit de l'argent à un ami mais ne veut pas utiliser du liquide et l'ami ne veut pas de chèque. – **b)** faire un virement sur bordereau papier, ou sur Internet. – **c)** faire un virement sur papier. – **d)** M. Frank Bayer. – **e)** M. Alain Reaunoud. – **f)** 2 570 euros.

55

Virement ponctuel	Virement permanent	Virement sur PEL

Saisir un compte

---

000 45682147 25 ▼

Code Banque	20069		Code Guichet	04562
N° de compte	48695866		Clé RIB	53
Titulaire (facultatif)				

(Mémoriser ce compte)

Montant		EUR	*Montant maximum autorisé par échéance :*
			+ 4 000,00 EUR
Périodicité	Mensuelle ▼		
Premier prélèvement	15/08/2004		
Dernier prélèvement	07/2005		*Ne saisissez que le mois et l'année*
Motif (facultatif)	Études		

---

page 38

56 **a)** 4 – **b)** 6 – **c)** 5 – **d)** 1 – **e)** 2 – **f)** 3.

57 **a)** transfrontaliers – **b)** code – **c)** national – **d)** adhèrent – **e)** uniformité – **f)** ordre – **g)** erreur – **h)** exclusivement – **i)** habilitées.

page 39

58 Pour le débit du compte : code guichet : 04562 ; N° de compte : 00045682147 ; clé : 25 ; devises du compte : Euro ; Virement ordinaire pour la somme de 1 850 Eur ; montant devises en lettres : mille huit cent cinquante euros ; en faveur de Frank Bayer ; coordonnées du compte : IBAN NL10 PABI 02 822715 12 ; code Bic : PABINLDE ; motif du paiement : échéance crédit ; signature : Frank Bayer ; date : 25 mars 2005.

page 41

59 **a)** affaire – **b)** monnaies – **c)** coupures – **d)** espèces – **e)** chèques – **f)** chèques – **g)** assure – **h)** commande – **i)** cours – **j)** augmenteront – **k)** devises – **l)** achat – **m)** contresigner.

page 42

60 **a)** Aux États-Unis, au Japon et au Brésil. – **b)** Des dollars US et des yens japonais. – **c)** non, en espèces et en chèques de voyage. – **d)** Il faut attendre 48 h pour avoir les chèques de voyage. – **e)** F. Bayer doit signer chaque chèque. – **f)** Il devra contresigner chaque chèque au dos quand il les utilisera.

61 Réponse libre.

page 43

62 Vrai : **b)** – **e)**. Faux : **a)** – **c)** – **d)**.

page 44

63 Vrai : **b)** – **c)**. Faux : **a)** – **d)** – **e)**.

page 45

64 **a)** Parce que le chèque émane de la banque et non d'un particulier (la banque s'assure toutefois, avant d'établir le chèque que le client a bien la somme suffisante sur son compte). – **b)** En général pour acheter une voiture d'occasion. Quand on veut rassurer un vendeur. – **c)** téléphoner à son agence, donner le nom du bénéficiaire et le montant souhaité du chèque. – **d)** - ne jamais accepter de chèque de banque quand les banques sont fermées ; - vérifier que toutes les mentions légales figurent sur le chèque ; - vérifier que le numéro de téléphone figurant sur le chèque correspond effectivement à celui d'une agence bancaire ; - appeler l'agence pour vérifier que le chèque est bon en donnant le numéro du chèque, le montant et le nom du bénéficiaire.

Chapitre 4   Lettres

page 47

65 Vrai : **a) c) f) g) h)**. Faux : **b) d) e)**.

page 48

66

Frank Bayer
15 rue Pastre
75006 Paris

Banque Générale
À l'attention de Mme Ruby
2 carrefour de l'Odéon
75006 Paris

Paris, le (date que vous choisissez)

Je soussigné Frank Bayer titulaire du compte numéro 00045682147 clé : 25, ouvert auprès de votre agence, autorise Madame Bayer Ilse à effectuer toutes opérations qu'elle jugera nécessaires du (date que vous choisissez) au (date choisie + deux mois).

Fait à Paris, le (date que vous choisissez)

Frank Bayer

---

page 49

67 Vrai : **a) b)**. Faux : **c) d) e)**.

page 50

68 Vrai : **a) b) c) e) g)**. Faux : **d) f)** fortement conseillé.

page 51

69

Auxiliaire avoir + verbe au participe passé	Infinitif du participe passé	Auxiliaire être + verbe au participe passé	Infinitif du participe passé
ils n'**ont** rien **vu**	**Voir**	vous **êtes venue**	**Venir**
je l'**ai utilisé**	**utiliser**	Ca s'**est passé**	**Se passer**
Vous **avez** bien **regardé**	**regarder**	Je **suis tombée**	**tomber**
vous **avez fait**	**faire**	**Êtes**-vous **allée**	**aller**
j'**ai fait**	**faire**		
Avez-vous déjà **appelé**	**appeler**		
Vous **avez eu**	**avoir**		
Les papiers que vous **avez reçus**	**recevoir**		
deux types **ont foncé**	**foncer**		
l'**ont arrachée**	**arracher**		
je n'**ai** rien **pu** faire	**pouvoir**		
je n'**ai** pas **eu** le temps	**avoir**		
j'**ai préféré**	**préférer**		

70 **a)** au présent de l'indicatif – **b)** non – **c)** les papiers que vous avez reçus – ils me l'ont arrachée – **d)** un complément d'objet direct est placé avant le verbe.

page 52

71 **Lettre 1 : a)** numéro de compte – **b)** télépone – **c)** entretien – **d)** ce – **e)** vouloir – **f)** opposition – **g)** carte – **h)** opération – **i)** montant – **j)** plainte – **k)** joint – **l)** remerciements.
Lettre 2 : a) soussigné – **b)** titulaire – **c)** présente – **d)** chéquier – **e)** prie – **f)** chèques – **g)** inclus – **h)** jugé – **i)** noté – **j)** déclarée – **k)** inscription.

page 53

72 **Lettre 1 :** dialogue 2 – **Lettre 2 :** dialogue 1.

92   **Corrigés**